本书项目来源：国家社科基金重大项目“总体国家安全观研究”
（项目编号 2018MZD018）

英语文化与国家安全

English Culture and National Security

刘跃进 顾问

梁晓晖 主编

人民东方出版传媒
東方出版社

图书在版编目（CIP）数据

英语文化与国家安全：汉、英 / 梁晓晖主编．—北京：东方出版社，2020.8
ISBN 978-7-5207-1621-5

Ⅰ.①英… Ⅱ.①梁… Ⅲ.①国家安全－青年读物－汉、英 Ⅳ.① D035.3-49

中国版本图书馆 CIP 数据核字（2020）第 128554 号

英语文化与国家安全
（YINGYU WENHUA YU GUOJIA ANQUAN）

主　　编：梁晓晖
策划编辑：鲁艳芳
责任编辑：张洪雪　杭　超
出　　版：东方出版社
发　　行：人民东方出版传媒有限公司
地　　址：北京市朝阳区西坝河北里 51 号
邮　　编：100028
印　　刷：北京建宏印刷有限公司
版　　次：2020 年 8 月第 1 版
印　　次：2020 年 8 月北京第 1 次印刷
开　　本：710 毫米 ×1000 毫米　1/16
印　　张：13.75
字　　数：217 千字
书　　号：ISBN 978-7-5207-1621-5
定　　价：59.80 元
发行电话：（010）85924663　85924644　85924641

前言

近年来，世界各国越来越重视国家安全及国家安全教育与研究。2014 年，习近平总书记提出总体国家安全观，把我国国家安全理论和实践推进到一个新阶段。2015 年《中华人民共和国国家安全法》颁布实施，规定每年 4 月 15 日为全民国家安全教育日，要求将国家安全教育纳入国民教育体系和公务员教育培训体系。2018 年，教育部发布《关于加强大中小学国家安全教育的实施意见》，对国民教育体系中的国家安全教育作了全面规划。

《英语文化与国家安全》将英语文化同国家安全相结合，探索国家安全学的人文研究与教学模式，特别是通过适当方法在外国语言文学研究与教学中推广和丰盈国家安全学，为开展国家安全学双语教育与研究开辟更具实用效果和趣味性的路径。在提高学生双语能力的同时，引导其辩证地看待西方社会及其历史文化，树立爱国主义思想，提高对文化渗透的辨识能力。

本书以总体国家安全观为指导，依据总体国家安全观涉及的主要安全领域分章编写，具体包括国民安全、政治安全、经济安全、军事安全、文化安全、社会安全、国土安全、科技安全、网络安全、生态安全、资源安全、核安全、海外利益安全等。第一章为本书总论，其余各章均围绕相应的安全领域进一步划分为四个小节：

第一节为“你身边的威胁”。通过列举发生在我们身边的威胁国家安全的案例，使学生认识到国家利益、国家安全与个人生活密切相关，认识到树立相关方面国家意识的重要性。

第二节为“国家安全理论”。以第一节的现实案例为导入，梳理当下中国社会面临的相关国家安全实际问题，从理论的高度审视现实，并有针对性地介绍关于这类问题的国家安全理论，用深入浅出的方式让学生学习如何对现实问题进行理论化的系统分析。

第三节为“热门电影赏析”。选取与此项安全观相关联的文艺作品，尤其以西方文学和电影作品为主，一是为增强本书的趣味性，二是为吸引学生关注隐性文化层面的内容，帮助其增强对隐性文化侵略的安全防范意识。

第四节为“电影分析与思考”。针对第三节所选的电影作品，从国家安全的角度对其内容与技巧进行细致的分析和解读，结合文化与文学批评理论，如大众文化研究、社会心理学等，揭示其中隐含的意识形态和文化霸权思想。

本书的特色，一方面在于英语运用与文化批评相结合的手段，在帮助大学生分析大量英语文化资料的同时，开展隐性国家安全的教育；另一方面在于结合文学语篇分析理论，以亲民的方式将国家安全理论渗透其中，尤其从文学、电影、电视传媒等多种文本来源入手，深入挖掘其内含的显性与隐性国家安全话题，有趣而深刻地揭露国家安全的潜在威胁，提升大学生的国家安全意识。此项研究是国家安全和文学文化的跨学科探索，在补充国家安全学科研究之余，也拓展了文学和跨文化研究学科的关注范畴。本书对文学文本和文化媒介中的间谍话题、安全渗透、意识形态侵略与颠覆等主题的挖掘，进一步充实和丰富了经典文学和文化研究成果。

《英语文化与国家安全》受国家社科基金重大项目“总体国家安全观研究”（2018MZD018）支持。同时，该课题在研究过程中受国际关系学院教育教学改革项目“国家安全双语教学模式与双语教材开发研究”（GJ20190101）资助，在出版过程中受北京科技大学中央高校基本科研业务费项目“外语学科创新发展与跨学科交叉研究”（FRF-BR-18-003B）资助。

本书编委会

目录

contents

第一章　总体国家安全观 …… 1

第一节　你身边的威胁　2

第二节　总体国家安全观　3

第三节　维护国家核心利益　9

第四节　国际安全研究　10

第二章　国民安全 …… 14

第一节　你身边的威胁　15

第二节　国民安全理论　17

第三节　热门电影赏析　21

第四节　电影分析与思考　24

第三章　政治安全 …… 27

第一节　你身边的威胁　28

第二节　政治安全理论　30

第三节　热门电影赏析　34

第四节　电影分析与思考　37

第四章　经济安全……42

第一节　你身边的威胁　43

第二节　经济安全理论　46

第三节　热门电影赏析　54

第四节　电影分析与思考　57

第五章　军事安全……60

第一节　你身边的威胁　61

第二节　军事安全理论　62

第三节　热门电影赏析　68

第四节　电影分析与思考　71

第六章　文化安全……75

第一节　你身边的威胁　76

第二节　文化安全理论　79

第三节　热门电影赏析　85

第四节　电影分析与思考　88

第七章　社会安全……91

第一节　你身边的威胁　92

第二节　社会安全理论　95

第三节　热门电影赏析　99

第四节　电影分析与思考　102

第八章　国土安全……106

第一节　你身边的威胁　107

第二节　国土安全理论　108

第三节　热门电影赏析　113

第四节　电影分析与思考　115

第九章 科技安全 …… 119
第一节 你身边的威胁 120
第二节 科技安全理论 124
第三节 热门电影赏析 129
第四节 电影分析与思考 132
第十章 网络安全 …… 137
第一节 你身边的威胁 138
第二节 网络安全理论 141
第三节 热门电影赏析 147
第四节 电影分析与思考 150
第十一章 生态安全 …… 153
第一节 你身边的威胁 154
第二节 生态安全理论 157
第三节 热门电影赏析 162
第四节 电影分析与思考 165
第十二章 资源安全 …… 167
第一节 你身边的威胁 168
第二节 资源安全理论 171
第三节 热门电影赏析 176
第四节 电影分析与思考 179
第十三章 核安全 …… 182
第一节 你身边的威胁 183
第二节 核安全理论 185
第三节 热门电影赏析 191
第四节 电影分析与思考 193

第十四章　海外利益安全 ······························ 196
第一节　你身边的威胁　197
第二节　海外利益安全理论　198
第三节　热门电影赏析　203
第四节　电影分析与思考　205

参考文献 ······································ 209

第一章

总体国家安全观

THE HOLISTIC VIEW OF NATIONAL SECURITY

第一节　你身边的威胁

国家安全是国家的基本利益，是一个国家处于没有危险的客观状态，也就是国家既没有外部的威胁和侵害也没有内部的混乱和疾患的客观状态。国家安全包括国民安全、政治安全、国土安全、军事安全、经济安全、文化安全、社会安全、科技安全、网络安全、生态安全、资源安全、核安全和海外利益安全等。

每天，我们身边都发生着很多威胁国家安全的事件，这些事件也随时会影响我们的生活。

新闻概要

中央国家安全委员会第一次会议召开，习近平发表重要讲话

2014 年 4 月 15 日，中共中央总书记、国家主席、中央军委主席、中央国家安全委员会主席习近平主持召开中央国家安全委员会第一次会议并发表重要讲话。他强调，要准确把握国家安全形势变化新特点新趋势，坚持总体国家安全观，走出一条中国特色国家安全道路。

习近平在讲话中指出，增强忧患意识，做到居安思危，是我们治党治国必须始终坚持的一个重大原则。党的十八届三中全会决定成立国家安全委员会，是推进国家治理体系和治理能力现代化、实现国家长治久安的迫切要求，是全面建成小康社会、实现中华民族伟大复兴中国梦的重要保障。

习近平强调，当前我国国家安全内涵和外延比历史上任何时候都要丰富，时空领域比历史上任何时候都要宽广，内外因素比历史上任何时候都要复杂，必须坚持总体国家安全观，以人民安全为宗旨，以政治安全为根本，以经济安全为基础，以军事、文化、社会安全为保障，以促进国际安全为依托，走出一条中国特色国家安全道路。贯彻落实总体国家安全观，必须既重视外部安全，又重视内部安全，对内求发展、求变革、求稳定、建设平安中国，对外求和平、求合作、求共赢、建设和谐世界；既重视国土安全，又重视国民安全，坚持以民为本、以人为本，坚持国家安全一切为了人民、一切依靠人民，真正夯实国家安全的群众基础；既重视传统安全，又重视非传统安全，构建集政治安全、国土安全、军事安全、经济安全、文化安全、社会安全、科技安全、网络安全、生态安全、资源安全、核安全等于一体的国家安全体系；既重视发展问题，又重视安全问题，发展是安全的基础，安全是发展的条件，富国才能强兵，强兵才能卫国；既重视自身安全，又重视共同安全，打造命运共同体，推动各方朝着互利互惠、共同安全的目标相向而行。

习近平指出，中央国家安全委员会要遵循集中统一、科学谋划、统分结合、协调行动、精干高效的原则，聚焦重点，抓纲带目，紧紧围绕国家安全工作的统一部署狠抓落实。①

第二节　总体国家安全观

一、总体国家安全观的提出

2014 年 4 月由习近平总书记提出的总体国家安全观，是中共中央和中央政府对国家安全理念和安全模式长期探索的必然结果。

中华人民共和国成立后直到 20 世纪 90 年代，整体上都是秉持传统的国家安全观。

① 《中央国家安全委员会第一次会议召开　习近平发表重要讲话》，新华网 2014 年 4 月 15 日。

2014 年 4 月 15 日，在中央国家安全委员会第一次会议上，习近平总书记提出并阐述了总体国家安全观。后来，在国际国内众多场合，针对各方面具体问题，习近平总书记反复强调要坚持总体国家安全观，同时也从不同方面不断充实和完善总体国家安全观。2017 年 10 月，在党的十九大报告中，习近平总书记将“坚持总体国家安全观”列为坚持与发展中国特色社会主义的十四条基本方略之一，并对其进行了进一步的阐述。

2018 年 4 月 17 日，在十九届中央国家安全委员会第一次会议上，习近平总书记对近年来我国国家安全工作作了总结，强调国家安全体系主体框架已初步构建，国家安全理论体系已形成，国家安全工作协调机制也已建立，国家安全工作得到全面加强。面对未来，习近平总书记强调，国家安全工作要适应新时代新要求，一手抓当前、一手谋长远，切实做好维护政治安全、健全国家安全制度体系、完善国家安全战略和政策、强化国家安全能力建设、防控重大风险、加强法治保障、增强国家安全意识等方面工作。

总体国家安全观内容丰富，是对当前日益丰富与复杂的国家安全现实的反映，是一种统筹当代国家安全各方面问题的系统的国家安全思想、科学的国家安全理论。

二、总体国家安全观的丰富内容

总体国家安全观内容丰富，主要内容可以概括为“一条中国特色国家安全道路、五个既重视又重视、十二个国家安全要素、四个国际安全理念”。

在总体国家安全观的丰富内容中，“走中国特色国家安全道路”居于首位。对此，习近平总书记的具体阐述是：“必须坚持总体国家安全观，以人民安全为宗旨，以政治安全为根本，以经济安全为基础，以军事、文化、社会安全为保障，以促进国际安全为依托，走出一条中国特色国家安全道路。”这条中国特色国家安全道路，就是一条“以人民安全为宗旨，统筹国家安全方方面面的国家安全道路”。

习近平总书记在首次提出总体国家安全观时指出、后来反复强调的“五个既重视又重视”，也是当前我国国家安全理论与实践需要处理好的“五对关系”。这就是：既重视外部安全又重视内部安全，既重视国土安全又重视国民安全，既重视传统安全又重视非传统安全，既重视发展问题又重视安全问题，既重视自身安全又重视共同安全。在党的十九大报告中，习近平总书记进一步把“坚持总体国家安全观”列为坚持和发展中国特色社会主义十四条基本方略之一，并从国家大战略的高度强调了这五对关系，指出“统筹发展和安全，增强忧患意识，做到居安思危，是我们党治国理政的一个重大原则”，同时要求“统筹外部安全和内部安全、国土安全和国民安全、传统安全和非传统安全、自身安全和共同安全”。这五对关系，从不同角度体现了总体国家安全观统筹国家安全方方面面的重要特征。

“十二个国家安全要素”，是习近平总书记在首次阐述总体国家安全观时提到的人民安全（或国民安全）、政治安全、国土安全、军事安全、经济安全、文化安全、社会安全、科技安全、信息安全、生态安全、资源安全、核安全。后来，习近平总书记在国内外不同场合多次讲到了信息安全下的网络安全，经济安全下的金融安全、粮食安全、食品安全等，资源安全下的能源安全、水资源安全、土地资源安全等，还有社会安全下的交通安全、消防安全等。由此可见总体国家安全观的“总体”是非常丰富的。

总体国家安全观包含的“四个国际安全理念”，是习近平总书记于 2014 年 5 月 21 日在上海举行的亚信峰会上做主旨发言时首次提出、后来在多个国际场合反复强调的共同安全、综合安全、合作安全、可持续安全。共同安全就是要尊重和保障每一个国家安全，不能一个国家安全而其他国家不安全，一部分国家安全而另一部分国家不安全，更不能牺牲别国安全谋求自身的“绝对安全”。综合安全就是要统筹维护传统领域和非传统领域的安全。合作安全则是要以合作谋和平、以合作促安全，坚持通过对话合作促进世界各国的安全，坚持以和平方式解决争端，反对动辄使用武力或以武力相威胁。可持续安全就是要安全和发展并重，以实现持久安全。

另外，近年来习近平总书记的各种讲话，不仅在国家安全构成要素上把金融安全、粮食安全、公共安全、交通安全、生产安全、消防安全等都纳入了国家安全体系，使其成为国家安全不同层级上的构成要素，而且还谈到了民族、宗教、改革、开放、国际安全、邻国关系等影响国家安全的因素，谈到了恐怖主义、贪污腐败、地区冲突、自然灾害等危害和威胁国家安全的因素，特别是通过深化国防与军队改革、颁布实施一系列国家安全法律、出台国家安全方略政策、开展国家安全教育宣传，以及反腐倡廉、深化改革、强化开放等一系列措施，在影响国家安全的因素、危害国家安全的因素和国家安全保障问题等方面，不断拓展和丰富着总体国家安全观。

三、总体国家安全观的核心价值

总体国家安全观不仅要求系统全面地认识和把控涉及国家安全的各方面问题，而且要求在所有国家安全问题中确立“以人民安全为宗旨”“一切为了人民”的国家安全核心价值观。

2014 年 4 月习近平总书记在提出总体国家安全观并阐述中国特色国家安全道路时，就把人民安全置于政治安全、经济安全、军事安全、文化安全、社会安全等国家安全的所有其他要素之前，首先强调国家安全要“以人民安全为宗旨”，从而确立了人民安全在整个国家安全工作中的宗旨地位、核心地位、首要地位。紧接着，在提出既重视国土安全又重视国民安全时，他进一步强调国家安全工作要坚持“以民为本、以人为本”，要坚持“一切为了人民、一切依靠人民”。

此后，习近平在不同场合、针对不同问题，反复强调人民安全、国民安全在国家安全中的宗旨性和目的性地位。2016 年 4 月，在首个全民国家安全教育日到来之际，习近平总书记讲到国家安全宣传教育问题时指出：“要坚持国家安全一切为了人民、一切依靠人民，动员全党全社会共同努力，汇聚起维护国家安全的强大力量，夯实国家安全的社会基础，防范化解各类安全风险，不断提高人民群众的安全感、幸福感。”2017 年 2 月，习近平总书记在国家安全工作座谈会上进一步明确指出：“国家安全工作归根结底是保障人民利益，要坚持国家安全一切为了人民、一切依靠人民，为群众安居乐业提供坚强保障。”2017 年 10 月，习近平总书记在党的十九大报告中讲到“我国社会主要矛盾已经转化为人民日益增长的美好生活需要和不平衡不充分的发展之间的矛盾”时，明确把“安全需要”作为我国人民美好生活需要的重要内容，指出“人民美好生活需要日益广泛，不仅对物质文化生活提出了更高要求，而且在民主、法治、公平、正义、安全、环境等方面的要求日益增长”。2018 年 4 月 17 日，在十九届中央国家安全委员会第一次会议上，习近平总书记要求“坚持人民安全、政治安全、国家利益至上的有机统一”。他指出：“人民安全是国家安全的宗旨，政治安全是国家安全的根本，国家利益至上是国家安全的准则。”

为此，军队、公安、情报、反谍、外交、保密等传统国家安全工作机关，以及经济、金融、科技、文化、环保、信息、网络等非传统国家安全工作部门，都需要把“以人民安全为宗旨”的国家安全核心价值观扎实落实到各自不同的国家安全工作中。

经过多年的发展与完善，总体国家安全观已成为系统的国家安全理论体系。该体系具有两个非常重要的特征：一是统筹当代国家安全各个方面的系统科学性，二是坚持“以人民安全为宗旨”的国家安全核心价值观。因此，全面贯彻落实总体国家安全观，必须既重视国家安全和国家安全工作的系统性，又重视中国特色国家安全工作的人民性。①

附：

总体国家安全观理论要点（中英对照）

2014 年 4 月 15 日，在中央国家安全委员会第一次会议上，习近平总书记提出并阐述了总体国家安全观。2017 年 10 月，在党的十九大报告中，习近平总书记将“坚持总体国家安全观”列为坚持与发展中国特色社会主义的十四条基本方略之一。2018 年 4 月 17 日，在十九届中央国家安全委员会第一次会议上，习近平总书记对近年来我国国家安全工作做了总结，认为国家安全体系主体框架已初步构建，国家安全理论体系已形成，国家安全工作协调机制也已建立，国家安全工作得到全面加强。

① 参见刘跃进：《总体安全为人民》，《紫光阁》2018 年第 7 期；刘跃进：《非传统的总体国家安全观》，《国际安全研究》2014 年第 6 期。

At the first meeting of the Central National Security Commission held on April 15, 2014, General Secretary Xi Jinping brought forth "The Holistic View of National Security" and made systematic exposition of it. In October 2017, in his report to the 19th CPC National Congress, "pursuing a holistic view of national security" was listed as one of the fourteen basic policies for upholding and developing socialism with Chinese characteristics. On April 17, 2018, at the first meeting of the 19th National Security Commission of the CPC Central Committee, he summarized China's national security endeavors in recent years, with the conclusion that China's national security has been fully enhanced as the framework, theories and coordination mechanisms for China's national security system have already been in place.

总体国家安全观主要内容可以概括为"一条中国特色国家安全道路、五个既重视又重视、十二个国家安全要素以及四个国际安全理念"。其中,"走中国特色国家安全道路"居于首位。当前中国国家安全理论与实践需要处理好的"五对关系":既重视外部安全又重视内部安全,既重视国土安全又重视国民安全,既重视传统安全又重视非传统安全,既重视发展问题又重视安全问题,既重视自身安全又重视共同安全。"十二个国家安全要素"包括人民安全(或国民安全)、政治安全、国土安全、军事安全、经济安全、文化安全、社会安全、科技安全、信息安全、生态安全、资源安全、核安全。总体国家安全观包含的"四个国际安全理念",即共同安全、综合安全、合作安全、可持续安全。

The Holistic View of National Security can be summarized as "one national security path with Chinese characteristics, five both-ands, twelve national security elements, four international security concepts." Among them, pursuing "a national security path with Chinese characteristics" is of top priority. At present, "five relationships" need to be appropriately handled, which calls for equal emphasis on external security and internal security, homeland security and public security, traditional security and non-traditional security, development and security, China's own security and common security. The "twelve national security" elements include people's security (or citizen security), political security, homeland security, military security, economic security, cultural security, social security, science and technology security, information security, ecological security, resource security, nuclear security. The "four international security concepts" refer to common security, comprehensive security, cooperative security, sustainable security.

总体国家安全观要求在所有国家安全问题中确立“以人民安全为宗旨”“一切为了人民”的国家安全核心价值观。习近平总书记强调国家安全工作要坚持“以民为本、以人为本”，要坚持“一切为了人民、一切依靠人民”。国家安全理论体系具有两个非常重要的特征：一是统筹当代国家安全各个方面的系统科学性，二是“以人民安全为宗旨”的国家安全核心价值观。

The Holistic View of National Security requires that the core national security values of "taking the people's security as the ultimate concern" and "making all national security efforts for the people" be followed in addressing all national security issues. General Secretary Xi Jinping has emphasized that our national security initiatives should be people-centered, and implemented for the people, and with the support of the people. The "National Security Theory" has two critical features: one is its systematic and scientific nature that coordinates all aspects of contemporary national security issues, and the other is the core national security values of "taking people's security as the ultimate concern".

第三节　维护国家核心利益

一、中国关键词视频

http://xitheory.china.com.cn/2018-12/21/content_74299626.html

二、中国关键词报道

维护国家核心利益

中国走和平发展道路、倡导合作共赢是以坚决维护国家核心利益为底线的。中国的核心利益包括：国家主权，国家安全，领土完整，国家统一，中国宪法确立的国家政治制度和社会大局稳定，经济社会可持续发展的基本保障。习近平总书记指出："我们要坚持走和平发展道路，但决不能放弃我们的正当权益，决不能牺牲国家核心利益。任何外国不要指望我们会拿自己的核心利益做交易，不要指望我们会吞下损害中国主权、安全、发展利益的苦果。"

Safeguarding the Core Interests of China

China's commitment to peaceful development and mutually beneficial cooperation is underpinned by its determination to safeguard its national core interests. These interests include state sovereignty, national security, territorial integrity, national reunification, stability of its political system established by the Constitution and overall social stability, and the need to ensure sustainable economic and social development.

At a meeting of the Political Bureau of the CPC Central Committee in January 2013, General Secretary Xi Jinping reaffirmed China's commitment to peaceful development. This commitment is however premised on the absence of any encroachment upon our national core interests, he added. We will never give up our legitimate rights and interests. No foreign country should harbor the illusion that we would trade our core interests, or allow harm to be done to our sovereignty, security or development.

第四节　国际安全研究

国际安全研究在初期是一个独立的研究领域，但很快成为国际关系研究的一个次领域，并得以迅速发展。与国际关系研究一样，国际安全研究也主要是一个西方式的领域，因此该研究大多基于西方中心主义，且北美、欧洲和澳大利亚的研究居多。国际安全研究是西方国际关系研究的主要次领域之一，也是国际关系理论研究的中心内容之一。

International Security Studies (ISS), at the beginning an independent field of study, quickly integrated as a sub-field of International Relations (IR), has been developing rapidly. Similar to IR, ISS is mainly a Western subject, largely done in North America, Europe and Australia with Western-centrism. ISS is one of the main sub-fields of Western IR, and also one of its central elements.

第二次世界大战后，学界关注国家如何防止外部和内部威胁，因而产生了国际安全研究。安全这一学术概念既将国际安全研究区别于早期战争与军事史，又与其他各类研究相联系，形成各类跨学科研究。

International Security Studies (ISS) stemmed from academic debates after the Second World War over how to protect the state against external and internal threats. The academic concept of security distinguishes ISS from earlier disciplines of war studies and military history, and gets connected with various other research programmes by way of interdisciplinary study.

国际安全研究主要遵循以下理论路径：

（1）**常规建构主义**：强调观念因素如文化、信仰、规范、理念和认同的重要性。主要流行于美国。

（2）**批判建构主义**：更多地关注国家以外的集体行为体。源于美国，但20世纪90年代后在欧洲流行。

（3）**哥本哈根学派**：主要聚焦安全化研究。在斯堪的纳维亚半岛和不列颠最兴盛，在欧洲大部分地区极有影响。

（4）**批判安全研究**：特别强调个体安全甚于国家安全，是国际关系批判理论的一个分支。

（5）**女性主义安全研究**：认为女性既通过军事功能也通过非军事功能支持国家安全政策。源起于20世纪80年代中期的美国和英国，今天已遍布全球。

（6）**人类安全**：强调人类安全应当是安全的主要客体，因此国际安全研究应当包括贫困问题、不发达、饥饿以及对人类整体的其他潜在威胁。

（7）**和平研究**：与战略研究相对立的经典规范性研究，力求减少或消除武力在国际关系中的使用。

（8）**后殖民主义安全研究**：直指国际安全研究的西方中心主义，认为非西方世界的研究需要包含殖民主义历史以及关注第三世界特定国家的形成。

（9）**后结构主义安全研究**：声称主权和安全只是政治实践的产物。源于20世纪80年代中期的北美，90年代初期在欧洲更加流行。

（10）**战略研究**：经典文献出现于1945年之后，研究主题限定在政治-军事领域，聚焦于军事的驱动力，也包括它的次领域如战争、核扩散、威慑理论、军备竞赛、军备控制等。盛行于西方，特别是美国和英国。

（11）（**新**）**现实主义**：现实主义方法总体上与战略研究紧密相关。新现实主义最著名的是两极化理论。现实主义的主流在美国。

International Security studies mainly follow the following theoretical paths:

Conventional Constructivism—highlighting the importance of ideational factors, that is culture, beliefs, norms, ideas and identity. Primarily located within the US.

Critical Constructivism—looking to other collectivities than the state. Its origins are predominantly in the US, but it has since the late 1990s gained a strong standing in Europe.

The Copenhagen School—focusing on securitisation. Particularly strong in Scandinavia and Britain, and influential in most of Europe.

Critical Security Studies—especially regarding the emphasis on human security over state security. A branch of Critical Theory in IR generally.

Feminist Security Studies—holds that women support the security policies of states through military as well as non-military functions. Originated in the mid-1980s in the US and Britain and has grown to have a global presence.

Human Security—dedicated to the view that human beings should be the primary referent object of security, and therefore that ISS should include issues of poverty, underdevelopment, hunger and other assaults on human integrity and potential.

Peace Research—the classical normative counterpoint to Strategic Studies, looking to reduce or eliminate the use of force in international relations.

Post-colonial Security Studies—points to the Western-centrism of ISS and argues that the study of the non-Western world requires security theories that incorporate colonial history as well as the attention to the specific state formations in the Third World.

Poststructuralist Security Studies—argues that state sovereignty and security are products of political practices. Began in North America in the mid-1980s, but from the early 1990s stronger in Europe.

Strategic Studies—the classical, traditionalist literature that defines the subject in political-military terms and focuses on military dynamics. This includes its own sub-literatures, such as those on war, nuclear proliferation, deterrence theory, arms racing, arms control, etc. Generally strong across the West, but particularly in the US and Britain.

(Neo) Realism—Realist approaches generally have strong links to Strategic Studies. The most notable Neorealist concept is polarity. Mainstream in the US.

第二章

国民安全

CITIZEN SECURITY

第一节 你身边的威胁

国民安全是国家安全的核心，是总体国家安全观的精髓所在。维护国家安全既要保障国民的生命和财产安全，又要保障国民生存发展的基本条件。

居安思危既是老一辈对我们的教导，也是新时代对我们的要求。我们每天的生活看似平静，但是，看看周围的世界，你会发现就在我们身边每天都发生着威胁国民安全的事件，而这些也随时会影响我们的生活。

新闻概要

一、国内议题

1. 江苏昆山“反杀”案

2018 年 8 月 27 日 21 时 30 分，刘海龙醉酒驾驶宝马轿车，行至昆山市震川路时，向右强行闯入非机动车道，与正常骑行电瓶车的于海明险些碰撞。双方遂发生争执。经双方同行人员劝解，交通争执基本平息，但刘海龙突然下车，上前推搡、踢打于海明。虽经劝架，刘海龙仍持续追打，后返回宝马轿车拿出一把砍刀，连续用刀击打于海明颈部、腰部、腿部。击打中，砍刀甩脱，于海明抢到砍刀，并在争夺中捅刺、砍击刘海龙，致其死亡。经法医鉴定并结合视频监控认定，刘海龙连续被刺砍 5 刀，死因为失血性休克。

8 月 28 日下午，昆山警方刑事拘留于海明。9 月 1 日，江苏昆山市公安、检察机关通报“昆山砍人案”调查处理结果，认定于海明的行为属于正当防卫，不负刑事责任。[①]

2. 章莹颖案

2017年4月，26岁的中国访问学者章莹颖前往美国伊利诺伊大学厄巴纳香槟分校交流学习。6月9日，她在赴租房处签订合同途中失联。立案数周后，联邦调查局逮捕了27岁的嫌疑犯布兰特·克里斯滕森。

2017年10月3日，联邦大陪审团正式以“绑架致死罪”起诉克里斯滕森；由于嫌犯拒不认罪，须经审判程序将其定罪，一旦罪名成立，嫌犯将面临最高量刑为死刑的刑罚。

案件原定于2018年2月27日开庭审理，但由于辩方律师采取拖延战术，最终庭审于2019年6月3日才正式开始。在章莹颖案的定罪和量刑听证中，检方出示了大量证据表明克里斯滕森蓄意绑架、强暴并谋杀章莹颖，且作案手段极其残忍，而且不肯不附加条件地交代章莹颖尸体藏匿地点。虽然检方没有找到章莹颖的遗骸作为一手证据，但拥有完整的证据链条，证明克里斯滕森对于绑架杀人蓄谋已久，且在作案后一再向调查人员撒谎。

当地时间2019年7月18日下午，美国伊利诺伊州皮奥利亚联邦法院法官沙迪德宣布，由于陪审团无法就克里斯滕森绑架杀害中国访问学者章莹颖一案达成一致判决，被告最终被判处终身监禁，不得假释。[②]

二、国际议题

印度空军飞行员被俘事件

2019年2月27日，巴基斯坦军方证实，巴方击落了通过克什米尔印巴实际控制线侵入的两架印军战机，并抓获了一名落在巴控克什米尔地区的印度空军飞行员。

巴基斯坦外交部表示，对印度军机实施空中打击表明了“自卫的态度和

---

① 参见张丰：《持刀砍人被“反杀”：为什么“花臂男”不值得同情？》，新京报网2018年8月29日。

② 《章莹颖案新进展！嫌犯女友偷录惊人内容，遇害细节浮出水面……》，中国青年网2018年1月18日；刘苗野：《章莹颖案延期至六月三日开庭》，中央广电总台央视新闻客户端2019年3月1日。

决心”。

印度外交部晚些时候则表示，在克什米尔地区发生的空中事件中，巴基斯坦空军的一架飞机被击落，印方损失一架米格 –21 歼击机，一名飞行员下落不明。

当地时间 3 月 1 日晚 8 点 52 分左右，巴基斯坦正式释放被俘印度飞行员。电视画面显示，被俘印度飞行员步行通过了巴印瓦噶边境返回印度。巴基斯坦外交部当晚发布的一份声明称，在印度飞行员被俘期间，巴方尊重其人格尊严，并按照国际法给予相应待遇。声明指出，总理伊姆兰·汗表示巴方希望通过释放被俘印度飞行员展现“善意姿态”，从而缓和与印度之间的紧张局势。①

第二节　国民安全理论

国民安全高于一切。国家安全以民为本，以人为本。维护国民安全是国家安全的根本追求，是各项安全工作的出发点和落脚点。贯彻总体国家安全观，既要着眼于实现全体人民的安全，又要体现到保障每个人的安全上。

一、国民安全的含义

国民就是一个国家的所有居民，现代社会中则是具有一国国籍的人。国民是构成国家的第一要素。因此，国民安全是国家安全的基本内容之一，是国家安全不可分割的构成要素。

国民安全就是国民群体和个体在生存、繁衍和发展等方面的根本利益及基本权利不受侵害和威胁。无论是在古代还是在当代，国民安全一直作为国家安全不可分割的构成要素而客观存在着。

---

① 参见《印巴紧张关系升级：巴方关闭空域　印方要求放人》，中国新闻网 2019 年 2 月 28 日；《巴基斯坦释放被俘印度飞行员》，人民网 2019 年 3 月 2 日。

在现代民主国家中，国民权利作为国家宪法和法律认定的内容受到前所未有的重视，这些权利的享用受到宪法和法律的保障，因而也就保障了国民的安全。现代民主国家宪法对国民权利的规定大致包括六类：（1）保障个人自由、不受干扰的权利，思想自由、平等权利和少数民族以及妇女的权利；（2）争取社会进步和幸福的权利；（3）接受公正审判的权利；（4）言论自由和了解情况的权利；（5）参加选举的权利；（6）为集体要求而自由结社的权利。《中华人民共和国宪法》对我国公民（国民）的权利也有明确规定。

二、国民安全的形式与层次

国民安全包括国民群体安全和国民个体安全两种形式。国民群体安全是指由一国之内国民个体之集合构成的国民整体或国民集合体的安全，而不是指所有国民个体或每个国民个体的安全。国民个体安全则是指一国之内所有国民个体或每个国民个体的安全，而不是指某个或某些国民个体的安全。国民安全既包括国民群体安全，也包括国民个体安全。

国民安全分为国民生命安全、国民数量安全、国民质量安全三个层次。

国民生命安全是指国民个体生命免于危险的状态，即国民个体生命免于来自外部和内部的各种非法威胁和危害的状态。因此，国民生命安全主要是针对国民个体的，是国民个体安全的最基本的内容和最低限度的要求。但是，国民生命安全的意义并非只限于国民个体，也是国民群体安全及整个国家安全的重要组成部分，直接关系国民群体安全和整个国家安全。

国民数量安全是指国家人口数量不因各种外部和内部因素而过少或过多。人口数量无论是过少还是过多，都会对国家安全产生不利影响，都会影响全体国民的生存质量，因而适当的国民人口是维护国家利益和国家安全以及国民自身利益与安全的必然要求。

国民质量安全则是指国民素质和国民生存质量免于外部和内部各种因素损害的状态。国民质量安全既是国民安全的内容和最高层次，也是整个国家安全的必要保障。在当代国际社会竞争日益激烈的情况下，国与国之间的竞争在一定意义上也是国民素质和国民质量的竞争。保障国民质量安全、提高国民素质，是增强综合国力、提高国家安全度的必然要求。

三、国民安全的地位

国民安全既是国家安全的核心，又是国家安全的目的。

首先，国民安全是国家安全的核心。从国家的产生和存在来看，任何一个国家要作为国家存在，都必须具备一定的人口，即一定数量的国民。就像没有人就没有社会一样，没有国民也就没有国家。因此，无论什么时代、什么情况下，也无论一个国家的国体、政体如何，国家安全必然包括国民安全。没有国民就没有国家，没有国民安全也就没有国家安全。

国民安全不仅在与科技安全、生态安全、信息安全等比较中具有源生性，是国家安全的基本内容，而且在与领土安全、主权安全、政治安全、经济安全、军事安全等比较中，处于核心地位，是国家安全其他方面所围绕的中心，因而是国家安全的核心要素。如果把国家安全看作是国家生存、发展和利益的屏障，那么国民便是这个屏障所维护的核心。王朝更替、元首遭难、经济危机、政治崩溃、领土被占、主权旁落，都会威胁国家安全，但是只要一国的国民能够生存下去并发展壮大，那么就不能说这个国家即将或已经彻底消失了，因为这些国民还可能通过自己的努力振兴国家。但是，如果一个国家的国民被彻底消灭了、被彻底同化了，那么这个国家就彻底消失了，永远不会再出现在世界民族之林了。因此，国民安全是国家安全的核心内容。

其次，国民安全是国家安全活动的根本目的。国民安全是国家安全的核心。相对于国民的安全和利益来说，国家安全的其他方面都只是手段，只有国民的安全和利益才是最终和最根本的目的。

国民与国家的关系其实是人与社会组织关系的一种体现。国家作为一种社会组织形式，从客观必然性上讲，其存在的根本目的是为国民服务。当然，在不同的历史阶段，人们在主观上对国家与国民关系的理解并不一样，有的人把国民放在高于国家的位置上，把国家看作是实现国民利益的手段；也有人把国家放在高于国民的位置上，把国民看作是被利用来实现国家目的的手段。后一种观点不仅在理论上是错误的，而且在实践中也给人类带来了不同程度的损害甚至灾难。历史上许多剥削阶级的统治者，就常以国家的名义来侵害广大国民的利益和安全。马克思主义群众观点认为，人民群众的利益高于一切。因而，国民的安全和利益是国家一切活动的根本目的。

附：

国民安全理论要点（中英对照）

国民安全指的是，国民群体和个体在生存、繁衍和发展等方面的根本利益及基本权利不受侵害和威胁。国民安全是国家安全不可分割的构成要素。在现代民主国家中，国民权利有宪法和法律保障，因而也就保障了国民的安全。

Citizen security is defined as the freedom from hazards and threats against which the fundamental interests and basic rights of the people and each individual to survive, reproduce and develop shall be guaranteed. It is an inseparable component of national security. In modern democracies, people's rights are safeguarded by their countries' constitutions and other laws, thereby their safety being safeguarded.

国民安全包括国民群体安全和国民个体安全两种形式。前者是指由一国之内国民个体之集合构成的国民整体或国民集合体的安全；后者是指一国之内所有国民个体或每个国民个体的安全。国民安全分为国民生命安全、国民数量安全、国民质量安全三个层次。国民生命安全直接关系国民群体安全和整个国家安全；适当的国民人口数量是维护国家利益和国家安全以及国民自身利益与安全的必然要求；而国民质量安全既是国民安全的最高层次，也是整个国家安全的必要保障。

Citizen security is twofold: collective security and individual security. The former refers to the safety of the aggregate or collection of all individuals within a country. The latter refers to the safety of any or all individuals within the country. Citizen security can be divided into three levels: safety of life, safety of population, and safety of life quality. The safety of life is directly related to collective security and national security. An appropriate number of populations is necessary for safeguarding both national and individual interests and security. The safety of the quality of life is both the highest level of human security and a necessary guarantee for national security.

国民安全是国家安全的核心，是国家安全其他方面所围绕的中心。一定数量的国民是国家产生和存在的必要条件，没有国民就没有国家。国家安全是国家生存、发展和利益的屏障，而国民是这个屏障所维护的核心，没有国民安全也就没有国家安全。同时，国民安全是国家安全最终的和最根本的目的。国民是国家的目的，而国家是实现国民利益的手段，国家存在的根本目的是为国民服务的。因此，国民的安全和利益是国家一切活动的根本目的。

Citizen security is at the core of national security. It is the cornerstone around which revolve all aspects of national security. A certain number of citizens are the necessary condition for the emergence and existence of a country. Without citizens, there would be no country. National security provides protection for the survival, development and interests of a country, and at the center of such protection are its citizens. In other words, without citizen security, there would be no national security. Safeguarding citizen security thus is the ultimate and most fundamental goal of national security. The people are the purpose of the country. The country is the means to realize the people's interests. The fundamental purpose of the country is to serve its people. Therefore, the safety and interests of the people are the fundamental purpose of all national activities.

第三节 热门电影赏析

国民安全一直是各国关注的重要问题，由此衍生出来的很多电影也反映了这一主题。我们为维护国民安全采取了哪些措施，未来应如何更好地保护国民的安全，这些都值得探讨。下面我们来分享电影《红海行动》，欣赏之余，可用相关理论进行分析。

一、剧照欣赏

二、剧情介绍

电影《红海行动》根据“也门撤侨”真实事件改编而成，以海军特种兵反恐大营救为主线，讲述了中国海军蛟龙突击队在境外解救我国公民的一系列故事。在战火纷飞的异国他乡，中国军人用鲜血谱写了一曲英雄赞歌。

电影一开始，一艘中国商船在索马里海域外遭遇海盗劫持，部分船员被海盗杀害，其他船员被俘。蛟龙突击队沉着应对，潜入商船进行突袭，在船只即将进入索马里海域之前成功解救全部人质。

中国海军在返航途中，接到新命令。非洲北部伊维亚共和国政局动荡，发生政变，恐怖组织连同叛军攻入首都，当地华侨面临危险。海军战舰奉命改变航向，前往执行撤侨任务。蛟龙突击队八人，整装再度出发。

在“撤侨遇袭可反击，相反则必须避免交火，以免引起外交冲突”的大原则下，海军战舰及蛟龙突击队深入伊维亚，不惧恶劣环境，借助海陆多种装备，停靠海港，成功转移在该国工作和生活的中国侨民，并在与恐怖分子的激烈遭遇战之后，营救出被恐怖分子追击的中国领事馆工作人员以及被劫持的人质。

电影最后，蛟龙突击队在战力减半的情况下，四名队员再次接受艰巨任务，奉命解决“黄饼危机”，再度投入战斗……

三、热点影评

为了提高大家批判性思考的能力，我们为大家提供不同角度的影评，大家可以在阅读之余，形成自己的观点。

1. 正面影评

电影《红海行动》给人最直观的感受就是热血沸腾、心潮澎湃，整部电影情节紧张激烈，全程扣人心弦。

总的来说，《红海行动》军事元素丰富，情节及场面效果震撼。各种装备悉数登场，直升机、无人机、军舰、坦克等均在镜头中亮相，长枪短炮等武器，翼装飞行、绳索空降等情节均助力影片实现理想感官效果。精彩镜头从头到尾贯穿整部电影，比如迫击炮轰炸、军舰拦截武器、沙尘暴中坦克大战等场景，还有狙击枪发射子弹、坦克发射炮弹的慢镜头，令观众大呼过瘾。

情节设计上，没有弱化敌人，没有宣扬战争，没有强行牺牲，没有刻意煽情，没有尴尬生硬的段子，没有生拉硬扯的爱情，没有以一敌百的开挂，有的只是“我们的任务不是要解决那 150 人，而是营救那个必须营救的中国人”，有的只是庄重、克制、真诚、写实，足以说明这是一部优秀的战争片。

《红海行动》题材严肃，战争的残酷场面真实不做作。比如，一位军人抓住敌人扔来的手榴弹，再把它扔出去，结果不幸被炸断手臂，显得非常真实。

比如“石头”遍体鳞伤，面目全非，导演还给了清晰的特写。这么做，一方面凸显了战争的真实和残酷，另一方面也说明了战争是恐怖的，进一步传达了“反战”的理念。

该片视听效果精湛，摄影、剪辑、节奏、配乐恰到好处，探讨了战争、人性、希望的主题，并且全程打动人心，直击心灵。

网友评论节摘：

网友1：

这部电影非常精彩，直观地表现战争，又不过于煽情，分寸非常好。这片子一定要看！

网友2：

特别棒的电影！片中写实呈现了战争场面，尽管有人觉得画面血腥，但是现代战争总是残酷的，即使电影避而不拍战争的残酷场面，也无法回避人员牺牲这样的问题。战场上，人就是普通人，不是好莱坞电影里的超人。

2. 负面影评

有观众认为，这部两个多小时的电影，仅是一部投资巨大拍出来的战争片而已。电影全程是各种打斗场面，各种武器装备，直升机、无人机、战舰、坦克齐上阵，战争场面血腥。另外，有人认为电影过分地宣传了民族主义，有点像苏联时期的某些片子。

网友评论节摘：

网友1：

这部电影就是在宣传民族主义情绪，到处都在煽情。

网友2：

两个多小时里，除了打就是打，各种打斗，挺没劲的。

第四节　电影分析与思考

电影《红海行动》讲述的是中国海军蛟龙突击队在境外解救我国公民的一

系列艰难故事。面对一轮轮严峻挑战，突击队队员在索马里海域外、非洲北部伊维亚共和国等地与恐怖分子展开激烈斗争，他们周密计划，沉着应变，不畏艰险，以少战多，最终完成任务，成功地将我国公民从多重险境中营救出来。

该片依据真实的“也门撤侨”事件改编而来。2015年3月26日至3月30日，中国海军第十九批护航编队临沂舰、潍坊舰和微山湖舰从接到命令，到执行完任务，一共花了短短5天时间，最终成功帮助571名中国公民从也门全部撤回，而中国的海军军舰也因此被称为“中国的诺亚方舟”。这便是本片主线情节的事件原型。

国民安全是国民群体和个体在生存、繁衍和发展等方面的根本利益及基本权利不受侵害和威胁，国民是构成国家的第一要素。因此，国民安全是国家安全的基本内容之一。电影《红海行动》讲述的故事就是以保护中国侨民根本利益及基本权利为主要背景的，反映的核心问题就是国民安全的保障。就国民权利所包含的六大类内容而言，这部电影体现的国民安全受到侵害的现象主要集中在“保障个人自由、不受干扰的权利，思想自由、平等权利和少数民族以及妇女的权利”；就国民安全的层次而言，电影反映的主要是“国民生命安全”层次所受到的威胁。这些都是我们在影片中应当关注到的有关国民安全的要素。

在影片中，关于中国公民被成功解救并获得国民安全保障的过程，主要通过几个具体事件得以体现。

首先，在电影开篇之时，一艘中国商船在索马里海域外遭遇海盗劫持，船员被俘，蛟龙突击队队员在船只即将进入索马里海域之前成功救下所有人质，保障了船上中国公民的生命安全。

其次，在中国海军返航途中，上级下达了新的命令。恐怖组织与叛军联手在非洲北部伊维亚共和国发动政变，使当地的中国华侨陷入险境。蛟龙突击队重整队伍后，八名队员再次出发执行撤侨任务，再次保障了中国公民的生命安全，捍卫了国家利益。

与此同时，中国海军在维持解救中国人质原任务不变的基础上，出于道义感与责任感调整了作战计划，突击队队员毅然决定解救所有人质，体现出我国营救部队不仅对我国公民，还对所有生命的保护与尊重。在肩负着保护生命的使命时，他们跨越了种族、文化、宗教与国别的界限，不惜一切代价挽救每一个生命。

最后，蛟龙突击队在战力减半的情况下，四名队员再次接受更加艰巨的任务与挑战——解决“黄饼危机”，为的就是将更多可能威胁国民生命安全的危险扼杀在摇篮里。影片虽然没有进一步展现解决“黄饼危机”的细节，但是突击队队员坚不可摧的集体主义精神、强烈的社会责任感以及他们对维护国民安全的虔诚信仰已经深深地烙印在每一位观众的心中。

就拍摄手法而言，这部纪实型电影突出反映了两方面内容：一是从宏观层面揭示现代战争的残酷性。导演在影片中多次运用全景与近景、客观视角与主观视角的切换，营造出真实战场上的紧张感与压迫感。二是从微观层面凸显蛟龙突击队队员的英勇睿智。比如影片中，突击队队员与恐怖分子对战导致医疗兵陆琛断臂、机枪手石头牺牲的片段，以及狙击手顾顺与恐怖分子狙击手单独对战的片段等，都表现出突击队队员有勇有谋的过硬素质。这样的影视表现手法在使观众感受到视听冲击的同时，又能关注到影片叙事的细节与人物的塑造。

从《红海行动》这部电影中，我们可以看出国民安全是国家安全的核心，它作为国家安全的构成要素之一，具有重要的地位。同时，这部电影所依据的真实事件背景也使我们意识到，威胁国民安全的事件随时都有可能发生在我们身边。因此，每一位公民都应当具备这样的责任与意识，时刻警惕，以防自身安全受到威胁，为国家安全保驾护航。

第三章

政治安全

POLITICAL SECURITY

第一节　你身边的威胁

政治安全是国家安全的本质，政治安全的核心内容就是维护国家政治制度的稳定、政权的统一和社会的安定等。

也许有些人会觉得政治、政治安全和自己并没有切身联系。但实际上，世界上每天都发生着很多威胁国家政治安全的事件。无论是变幻莫测的国际形势，还是社交网络上的各种信息，都需要我们保持警觉、审慎辨识。

新闻概要

1.“红通人员”强涛、李建东在缅甸落网并被遣返回国

2020年5月31日，在中央反腐败协调小组国际追逃追赃工作办公室统筹协调下，经过公安部以及山西省追逃办和公安机关扎实工作，“红通人员”强涛、李建东在缅甸落网并被遣返回中国。

强涛，中国铁道建筑集团有限公司下属中铁十二局资金中心华东分中心核算员，涉嫌利用职务便利，伙同李建东侵占公司巨额资金。强涛、李建东于2020年3月3日畏罪潜逃。中央追逃办将该案列为重点督办案件，统筹各方面力量开展追逃追赃，通过国际刑警组织发布红色通缉令，我国公安机关与缅甸执法机关通力合作，在较短时间内将二人缉捕并遣返。

中央追逃办负责人表示，强涛身为国有企业财务人员，利用职务便利伙同李建东侵占巨额国有财产并外逃，影响十分恶劣。二人在疫情期间流窜多国，最终被缉拿归案，充分彰显了党中央有逃必追、一追到底的坚定决心，体现了

追逃追赃领域治理效能的提升，是“天网 2020”行动和国企领域反腐败重要成果。我们将持续与有关国家和国际组织携手打击跨国腐败犯罪，将外逃人员缉拿归案、绳之以法，坚决维护国家和人民的利益。①

2. 国家安全机关破获危害国家安全案件“彼得案”

2019 年 4 月，国家安全机关公布三起危害政治安全案件，旨在进一步提高全社会的国家安全意识，筑牢政治安全防线。国家安全机关提醒社会公众，如发现危害国家安全的可疑情况，可拨打国家安全机关举报受理电话 12339，或登录国家安全机关举报受理平台 www.12339.gov.cn 进行举报。

其中一起案件是 2016 年 1 月，国家安全机关破获的危害国家安全案件“彼得案”。这次行动成功打掉了一个以“中国维权紧急援助组”为名、长期接受境外资金支持、在境内培训和资助多名“代理人”、从事危害国家安全犯罪活动的非法组织。彼得 · 耶斯佩尔 · 达林（瑞典籍）等犯罪嫌疑人被依法采取刑事强制措施。

经查明，2009 年 8 月，彼得伙同他人，在香港注册成立名为“Joint Development Institute”（简称 JDI）的机构，在境内以“中国维权紧急援助组”的名义活动，未履行任何注册备案程序，资金入境和活动完全脱离正常监管。该组织长期接受某外国非政府组织等 7 家境外机构的巨额资助，在中国建立 10 余个所谓“法律援助站”，资助和培训无照“律师”、少数访民，利用他们搜集我国各类负面情况，加以歪曲、扩大甚至凭空捏造，向境外提供所谓“中国人权报告”。同时，该组织通过被培训的人员，插手社会热点问题和敏感案事件，蓄意激化一些原本并不严重的矛盾纠纷，煽动群众对抗政府。

彼得对上述情况供认不讳。该组织成员王某、邢某供述，彼得等人是西方反华势力安插在中国的眼线。他们搜集中国的负面信息，抹黑中国国家形象；以帮助中国发展为名，在中国民间不断培植势力，挑起访民群体、敏感案事件当事人等对党和政府的不满情绪，蒙蔽、利诱更多不知情人员，扰乱国家和社会秩序，妄图以此影响、改变中国的社会制度。②

① 参见冯粒：《“红通人员”强涛、李建东在缅甸落网并被遣返回国》，人民网 2020 年 6 月 2 日。
② 参见《国家安全机关公布三起危害政治安全案件》，《人民日报》2019 年 4 月 19 日。

第二节　政治安全理论

政治安全既是国家安全的基本构成要素，又是影响整个国家安全的重要因素，同时还是保障国家安全的重要条件。政治安全内涵丰富、因素繁多，如何敏锐地识别出危害政治安全的因素，对保护政治安全具有重大意义。

一、国家政治安全的含义

国家政治安全是国家安全的本质。国家政治安全的核心内容就是维护国家的政治稳定，包括政治制度的稳定、国家的统一、社会的安定等。

国家政治安全是国家在政治方面免于国家内外和政治内外各种因素侵害和威胁的客观状态。就国家内外而言，国家政治安全既会受到包括政府治理、政治生态、执政党执政能力等在内的国内政治因素的影响，又会受到时代主题、世界格局等国际政治形势的影响，因而国家政治安全本身必然是排除了国内国外两方面不利因素的威胁和危害的状态。就政治内外而言，不仅各种政治因素会直接影响国家的政治安全，而且各种非政治因素也会影响国家的政治安全，因而国家政治安全本身还必然是既排除了各种不利的政治因素的危害又排除了各种不利的非政治因素的危害的状态。

二、国家政治安全的主要内容

根据马克思的唯物史观，阶级社会从结构上可分为经济基础和上层建筑两个部分。上层建筑是指建立在一定经济基础之上的社会意识形态以及相应的政治法律制度、组织和设施的总和。据此，国家政治安全可以分为国家政治制度安全和国家政治思想安全两大部分。

但是，政治不仅包括思想和制度，还包括活动，甚至可以说政治活动才是政治的本质所在，政治制度和政治思想都是为政治活动（政治实践）服务的。因此，国家政治安全在内容上也就包括了三个部分，即国家政治思想安全、国家政治制度安全和国家政治活动安全。

国家政治思想安全是国家意识形态安全的更严格说法。意识形态本身既包括政治性意识形态，也包括文化性意识形态，而文化性意识形态安全并不属于政治安全，而应属于文化安全。国家政治思想安全是指国家占主导地位的思想、政治意识形态不受侵害，能够稳定存在和健康发展。

由于不同时代的政治思想是不断发展进步的，因而政治思想安全并不意味着政治思想的绝对稳定与不变，而是指先进文明的政治思想不被改变为落后野蛮的政治思想，因而政治思想安全是先进政治思想的安全，甚至包括先进文明的政治思想不断取代落后野蛮的政治思想。

国家政治制度是政权归属及其组织与活动的原则、方式、机构等的总和，既包括各类准则和规范，也包括各种机构和组织，总体上说是国体与政体的统一。其中的国体即国家的性质，具体来说就是社会各阶级在国家中的地位，其本质则是国家权力归谁所有的问题，即国家权力的归属问题。与此不同，政体是国家政权的组织形式，即统治阶级采取何种形式来组织自己的政权机关。

在“人民主权”得以确立的现代文明国家中，国家政治安全最核心的内容就是国民政治权利的安全。这就是中华人民共和国政治安全最根本和最核心的内容。在这一包括“人民主权”政治思想在内的社会主义国体中，政治安全最核心的内容就是中华人民共和国全体国民政治权利的安全。保障中华人民共和国政治安全最根本的任务，就是要落实宪法，依宪治国，保障全体人民当家作主的政治权利不被侵蚀和破坏。

国家安全的根本问题是政治安全问题，政治安全的根本问题是政权安全问题，政权安全的根本问题是“权属安全”问题，这就是要确保宪法总纲所规定的“一切权力属于人民”中所含“人民主权”的安全，特别是宪法总纲头条“工人阶级领导的、以工农联盟为基础的人民民主专政的社会主义国家”中所含“工农主权”的安全。

国家政治活动安全也不容忽略。国家政治活动安全既包括一般的政治活动安全，也包括特别情况下的政治改良、政治改革和政治革命的安全。因此，包括政治改良安全、政治改革安全、政治革命安全等在内的政治变革安全，是国家政治安全的重要构成部分。如果忽略或排除了这一部分内容，不仅在理论上不能对政治安全作出全面理解，而且在实际上也可能妨碍国家的政治发展和政治进步，妨碍国家的政治文明化和政治民主化。在现代政治思想体系中，国民有选择国家政治制度的最后权利，这也是国民的最高的权力，因而由国民意愿达成的政治改良、政治改革和政治革命，都是国家政治安全的内容。

三、国家安全的根本是政治安全

国家安全的根本是政治安全。国家政治安全不仅关系国家的长治久安，更与中华民族的复兴和人民的福祉休戚相关。在国家安全体系中，以政治安全为根本，是基于两个原因：首先，政治安全的“主体”是国家。其次，政治安全是国家作为安全主体在政治方面（领域）的安全。

国家安全以政治安全为根本，不仅是理论上的推演，还是历史和现实的必然。政党与国家政权、国家制度等的同构性，决定了以政权安全、制度安全为核心内涵的政治安全在国家安全体系中的根本地位。

20 世纪 90 年代以后，随着国际格局的变化、经济全球化以及国内社会转型的深入，传统安全威胁与非传统安全威胁相互交织，使得政治安全问题逐渐凸显。

党的十八大以来，习近平总书记关于总体国家安全观的提出以及在不同的场合对政治安全的论述，不仅丰富和发展了执政党维护政治安全的思想内涵，也成为习近平新时代中国特色社会主义思想的重要组成部分。

附：

政治安全理论要点（中英对照）

国家政治安全是国家在政治方面免于国家内外和政治内外各种因素侵害和威胁的客观状态，其核心内容就是维护国家的政治稳定，包括政治制度的稳定、国家的统一、社会的安定等。国家政治安全既是排除了国内国外两方面不利因素的威胁和危害的状态，也是排除了各种不利的政治因素和非政治因素的危害的状态。

Political security of a country is the objective political status in which it is immune to dangers or threats caused by various factors, whether internal or external, political or not. At the core of it is to maintain the political stability of the country, including the stability of its political system, the unity of its territory, and the stability of its society. In other words, political security is a state that not only excludes the threats and harms of unfavorable domestic and foreign factors, but also excludes all kinds of unfavorable political and non-political factors.

国家政治安全包括国家政治思想安全、国家政治制度安全、国家政治活动安全三个部分。国家政治思想安全是指国家占主导地位的思想、政治意识形态不受侵害，能够稳定存在和健康发展。国家政治制度安全就是要保证国民政治权利的安全，以及统治阶级组织自己的政权机关的安全。国家政治活动安全既包括一般的政治活动的安全，也包括国民意愿达成的政治改良、政治改革和政治革命的安全。

Political security of a country consists of three parts: the safety of its political ideology, the safety of its political system, and the safety of its political activities. Political ideology safety refers to the unharmed, stable and healthy existence and development of the dominant ideology, especially the dominant political ideology of the country. Political system safety refers to the safety of the people's political rights, as well as that of the political organs of the ruling class. And the safety of political activities refers to both the safety of general political activities and that of political restructuring, reform and revolution proposed through the will of the people.

国家安全以政治安全为根本。国家政治安全不仅关系国家的长治久安，更与中华民族的复兴和人民的福祉休戚相关。政党与国家政权、国家制度等的同构性，决定了以政权安全、制度安全为核心的政治安全在国家安全体系中的根本地位。习近平总书记提出的总体国家安全观以政治安全为根本，不仅丰富和发展了执政党维护政治安全的思想内涵，也成为习近平新时代中国特色社会主义思想的重要组成部分。

Political security, on which national security is based, is not only related to the long-term stability of the country, but also to the revival of the Chinese nation and the well-being of the people. This isomorphism of political party and state power and state system determines the fundamental position of political security, whose core concepts are the safety of state power and of state system, in the system of national security. “The Holistic View of National Security” put forward by President Xi Jinping takes safeguarding political security as the fundamental task. It has not only enriched and developed the ideological connotation of how the ruling party should guarantee political security, but also become an important part of the Thought on Socialism with Chinese Characteristics for a New Era.

第三节　热门电影赏析

《至暗时刻》这部传记历史片，主角是第二次世界大战时的英国领导人温斯顿·丘吉尔。当时面临来自内部的偏见与外部的法西斯战争，丘吉尔顶住巨大压力，带领英国人民奋起反抗，赢得敦刻尔克战役的胜利，度过了黎明前最黑暗的时刻。敦刻尔克战役不仅关乎几十万英军性命，而且涉及英国是否有能力继续作战，能否维护本国的政治安全。

一、剧照欣赏

二、剧情介绍

1940年，不可阻挡的纳粹势力席卷整个西欧，被侵略的威胁迫在眉睫。面对一群毫无准备的公众和一个持怀疑论的国王，时任英国首相丘吉尔必须经历他人生中最黑暗的时刻：是成为第三帝国的傀儡附属，还是与世界人民站在一起共同反抗法西斯？最终他决定团结整个国家，为自由理想而战，并试图改变世界历史的进程。

影片聚焦英国史上著名的领导者丘吉尔作为首相期间的传奇经历，讲述了第二次世界大战时面临来自内部的偏见与外部的法西斯战争，丘吉尔抵住压力，带领英国人民奋起反抗，赢得敦刻尔克战役的胜利，度过黎明前最黑暗时刻的故事。

三、热点影评

为了提高大家批判性思考的能力，我们为大家提供不同角度的影评，大家可以在阅读之余，形成自己的观点。

1. 正面影评

《至暗时刻》完美呈现了在敦刻尔克战役中文字的力量并不逊于枪炮。加里·奥德曼尽职尽责地刻画了英国首相温斯顿·丘吉尔的角色。在这部长达两小时的战争片中，一枪未放，但奥德曼的每一句台词都像子弹一样，让观众深切地感受到了当时英国是如何艰难地与纳粹德国进行斡旋的。

《至暗时刻》突破了近年来第二次世界大战题材的影片，全片充满了温暖人心、受人喜爱的幽默感。导演乔·赖特让这部本来冗长又台词密集的电影充满活力，加上奥德曼的表演，无疑使《至暗时刻》获得了观众的口碑。萨拉·格林伍德的设计忠实还原了内阁战争室，剧中的每个角色都像历史所描述的一样在这里辩论国家的未来走向。

就像丘吉尔本人在讲话中做到的一样，《至暗时刻》“武装了英语，将她也送上战场”。

网友评论节摘：

是与纳粹德国和谈，还是开战，导演乔·赖特在执导《至暗时刻》时，也似乎像丘吉尔一样，面临着两难的抉择。加里·奥德曼完全将自己隐匿于丘吉尔的装扮中，只有通过声音才能勉强辨识，他扮演的这只“英伦之狮”口齿不清、步履蹒跚。但是，加里·奥德曼也将人物的暴躁、傲慢以及动摇、犹豫，都真实地表现了出来。

2. 负面影评

《至暗时刻》缺乏悬疑感，没有任何创新，让人倍感无聊。从好的方面来讲，电影以人物切入到事件核心，近乎举重若轻地重塑完整的阶段性历史。但在角色塑造的过程中，未留有空间丰满人物的灵魂，台词啰嗦至极。故事也不流畅，没有特效，这导致电影的场景缺乏活力。结尾潦草，也没有任何实质上让观众满意的结局。

网友评论节摘：

我本来对电影抱有很高的期望，但我很失望。这部影片把历史改得面目全非。如果非要说这是一部有关丘吉尔的电影，那我完全看不出这里的主角是丘吉尔。

第四节 电影分析与思考

电影《至暗时刻》记录了1940年英国遭遇危机的日子。当时，英国的国土安全正受到纳粹入侵的威胁，希特勒的机动部队绕过马其诺防线，将整个英国军队围困在了敦刻尔克。如果这34万疲惫的英国士兵被德军消灭，大英帝国将被彻底击垮。就在这个关键的时刻，温斯顿·丘吉尔取代张伯伦，成为英国的新一任领导人。

这部电影并没有使用大量的镜头展现战场上交火与流血的画面，而是着重描绘了在丘吉尔领导时期，战时内阁圈内会谈的情景。因此，电影的重心也从军事对抗转向了政治与外交游戏，彰显了该片宣传英国政治意识形态的雄心。影片中，丘吉尔领导的英国与希特勒率领的德国之间的战争被完全美化为正义之战与命运之战。但在真实的历史中，与纳粹专政作斗争并不是英国在第二次世界大战初期参战的首要任务。当时的英国视苏联共产主义为真正的威胁，因而他们幻想将希特勒作为制约斯大林的工具。丘吉尔四场强有力的演说强化了人们的信念，使人们相信英国将击败希特勒，英国的议会民主制也将战胜法西斯的极权主义；而丘吉尔著名的“V”形手势不仅增强了英国人的信心，还放大了英国作为反法西斯战士的国家形象。

如电影场景所示，议会民主制在带领英国经历艰辛考验最终获取胜利方面发挥了关键作用。在电影荧屏上，国王乔治六世适时奇迹般地依从了丘吉尔的强硬政策；大多数议会辩论都显现得比现实生活中更为温和而又富有成果；保守党和工党也已准备好搁置党内冲突，为民族利益作出妥协。然而，恰恰是这样的议会民主制，曾经商定出了令人可耻的政策，比如《慕尼黑协定》。这份所谓的和平协定是英国对盟友捷克的背叛。他们把捷克人民如生肉一般抛向了希特勒的狮子大口中，同时也试图将法西斯的炮火引向苏联。此外，更具讽刺意味的是，正是这种议会民主制在第一次世界大战之后被植入德国，并帮助希特勒篡夺了国家的最高权力。

为了更好地宣扬英国的意识形态，该影片成功地将丘吉尔设定为一名民族英雄、自由派战士以及人民公仆。电影中，他的妻子称赞他“心系家国”，总是将国家利益置于个人利益之上；而当丘吉尔的名言“我所能奉献的没有其他，只有热血、辛劳、眼泪与汗水”出现在电影大荧幕上的时候，影片更是彰显了他对国家的无私奉献。导演乔·赖特运用他擅长的追踪镜头来展现丘吉尔对平民的怜悯与同情；同时，影片还依靠精湛细腻的笔触表现出他的衰老以及在面临巨大危机时的无助，为这位标志性人物增添了更多的人情味。66 岁的丘吉尔，可以被看作是大英帝国过往辉煌的一面镜子与隐喻。电影中还有一个令人印象深刻但属虚构的场景：当丘吉尔在洗手间徒劳地向美国总统寻求帮助时，这位老人仍然在重压之下保持着绅士风度，他肩负着精神上的巨大痛苦和难以承受的重担，在大英帝国经历其历史最低点的时候，他保持冷静并度过了这最黑暗的时刻。

然而，电影中最令人难忘的场景却不过是一场漫长的幻想。在最黑暗的时刻，国王乔治六世成为丘吉尔的知己，并鼓励他聆听人民的声音。随后，丘吉尔走进地铁与普通百姓谈天说笑，谦卑地倾听他们的声音。在这场戏中，电影刻意选择了黑人、老人、穷人、妇女以及儿童来发出他们长期被压抑的声音。为了达到影片的政治目的，历史上真实的丘吉尔所秉持的种族与阶级偏见则在这里巧妙地消失了。人们呼喊着“永不放弃，永不屈服”的口号，并一致呼吁参加战斗。在这样的鼓舞之下，丘吉尔赶到下议院，发表了一场振奋人心的演讲。这些经过浪漫化处理的场面描绘出一幅民主的美好画面：君主仍然是上议院与下议院合作的精神导师，他们共同为国家谋求最大的利益，甚至连普通百姓也可以参与到国家大事的决策过程中来。

《至暗时刻》传递出这样一个信息，那就是这个日不落帝国将会迎接它全新的光芒。这部影片选择在 2017 年英国启动脱欧程序之时上映，或许并非偶然。片中的“至暗时刻”可能会变成英国的“决战时刻”。

（注：为增强材料的多元性，本节特采用中英对照形式进行电影解析，以满足读者需求。）

Darkest Hour recorded British crisis-ridden days when its homeland security was threatened by Nazi's invasion in 1940. Hitler's motorized army bypassed the Maginot Line and trapped the entire British forces in Dunkirk. If these mired 340, 000 soldiers were wiped off, British Empire would be left defenseless. Winston Churchill replaced Chamberlain as the new leader in this critical hour.

This movie casts few shots of crossfire and bloodshed in the battlefield, but touches more on the Inner Circle Talks in Churchill's War Cabinet. This shifting focus from military confrontation to political and diplomatic gaming, unveils the movie's ambition to propagandize British political ideology. Churchill-led British battle against Hitler was glorified by the movie as a war of justice and a war of destiny. But in real life, combating Nazi dictatorship was not Britain's priority in the beginning of WWII. Regarding Soviet Communism as its real threat, Britain fancied using Hitler as an instrument to stop Stalin. Churchill's four powerful speeches fortified the faith that Britain would defeat Hitler and British parliamentary democracy would triumph over Fascist's totalitarianism. Churchill's famous V gesture not only boosted British's confidence, but also magnified British national image as a fighter against Fascism.

As the scenario shows, parliamentary democracy played a pivotal role in carrying Britain through the ordeal to the final victory. King George VI was miraculously converted to Churchill's tough policy at the right time; most parliamentary debates on screen were more tamed and fruitful than in real life; the Conservative Party and Labor Party were ready to lay aside the party strife and make compromise for the best of the nation. Nevertheless, this parliamentary democracy produced some shameful policies, including Munich Pact. This peace pact was Britain's sheer betrayal to its ally Czech, thrown as meat into Hitler's lion mouth. And it was also British attempt to turn around Fascists' artillery to the Soviet Union. Besides, it was ironic that parliamentary democracy implanted to Germany after WWI helped Hitler usurp the supreme power.

To convey British ideology well, the movie successfully enacts Churchill as a national hero, a liberal fighter and a public servant. He was lauded by his wife in the movie as "with the heart of a nation" —always placing national interest before his personal interest. Churchill's catchwords like "I have nothing to offer but blood, toil, tear and sweat" appear on screen to highlight his selfless devotion to the nation. The director Joe Wright employs his signature tracking shots to explore Churchill's sympathy and compassion with the common people. Masterly strokes add human touch to this iconic figure by showing his senility and helplessness against the overwhelming odds. 66-year-old Churchill can be seen as a mirror and metaphor of the British Empire with its passing glory. There was an impressive but fictional scene in the movie: when Churchill in the bathroom sought American president's assistance in vain, this old man still retained his gentlemanly nobility and grace under pressure. Shouldering all his mental agony and unbearable burden, Churchill stayed cool and survived this darkest moment just as British Empire went through its nadir in history.

The most memorable scene in the movie was no more than a long fantasy. In the darkest moment, King George VI became Churchill's confidant and encouraged him to listen to popular voices. Then Churchill walked into the subway, chatted and joked with the ordinary people, humbly listened to their voices. The movie intentionally chose the black, the old, the poor, the woman, the kid to utter their long-repressed sound. Historic Churchill's racial and class bias conveniently disappeared in the scene to serve the political purpose. Goaded by their unanimous call for fight — "never, never surrender", he rushed to the neglected House of Commons to deliver his inspirational speech. These romanticized scenes painted a rosy picture of democracy:

the monarch stayed as the guiding spiritual icon, the House of Lords and House of Commons cooperated to pursue the best interest for the country and even the ordinary people could participate in the decision-making process.

Darkest Hour sends a message that this sun-never-set empire will embrace its new shines. Maybe it was no coincidence that this movie was on show in 2017, the year of Brexit. The "darkest hour" could become its "finest hour".

第四章

经济安全

ECONOMIC SECURITY

第一节　你身边的威胁

经济是社会生活的基础，经济安全是国家安全原生要素之一，是国民经济可持续发展的基础，决定着国家能否在激烈的国际竞争中维护自身经济利益，实现发展。

也许在我们的概念中，经济安全是宏观的概念，但在现实中，我们身边也存在着很多和经济安全有关的事件。

新闻概要

一、国内议题

1. 又到一年开学季，“校园贷”？校园害！

为了让每个学生都能上得起学，2012 年至 2018 年 9 月，全国共资助了 5.2 亿人次学生，资助经费总投入达 8864 亿元。然而，即便学生资助政策体系已经建立起来，近年来由“校园贷”引发的恶性事件仍时有发生。对此，教育部全国学生资助管理中心有关负责人表示，“校园贷”不是国家和金融机构设立的正规的金融产品，实际上是一种非法的、变相的高利贷。近年来由所谓的“校园贷”引发的恶性事件，没有一例是因为在校交不起学费、没有生活费而去贷款的，更多的原因是盲目的超前消费，还有一些是其他个人的因素。

早在 2017 年 5 月，教育部就已会同多部门联合印发文件，明确要求取缔校园贷款业务，任何网络贷款机构都不允许向在校大学生发放贷款。同时鼓励正规的商业银行开办针对大学生的小额信用贷款，满足学生金融需要。然而目前，仍有很多大学生身陷“校园贷”，甚至“套路贷”不得脱身。

教育部再次强调，要引导学生树立正确的消费观，不要盲目攀比和消费。同时要求各地、各高校集中开展校园不良网贷风险警示教育工作，加强金融安全教育，将防范校园不良网贷作为重要教育内容。①

2. ofo 线上退押金排号过千万，退款到手要等三年？

“小黄车退押金难”是共享单车 ofo 身上一个深深的烙印。2018 年 12 月 18 日下午 2 点记者来到了 ofo 公司所在的北京市海淀区互联网金融中心，据目测，大厅和广场上排队等待退款的至少有两三百人，以及至少有 15 名安保人员在维持秩序。

ofo线上退款排号超1100万 戴威称"为每一分钱负责"

12 月 17 日，ofo 官方微博公布了退押金的新政策，称线上和线下登记合并在一起，将按照用户申请顺序退还押金。目前线上排号人数已经突破千万，后续申请的数字还在持续增加。若以每位用户 99 元押金计算，待退押金至少有 10 亿元。截至 19 日中午 11 点，ofo 线上押金退款排位已经高达 1070 万位，从 18 日到 19 日，单个用户的退款排位名次只前进了 8088 位，也就是说，按照这个退款进度，把目前所有人的退款申请处理完，至少需要几年的时间。19 日，ofo 创始人戴威发布全员信件，表示 ofo 将不会逃避，会为每一个支持过 ofo 的用户负责。

专注于互联网领域的北京中闻律师事务所合伙人李亚律师认为，小黄车这种迟迟不退押金的行为，属于一种违约行为，应该承担相应的违约责任。但李亚律师对用户个人维权并不看好，维权的成本太高，收益过低是一个问题。此外，李亚认为，庞大的押金如何管理，是这些企业在处理押金时所面临的最重要的问题。②

---

① 参见《又到一年开学季，“校园贷”？校园害！》，央视网 2018 年 9 月 7 日。

② 参见《ofo 线上退押金排号过千万　退款到手要等三年？》，《人民日报》2018 年 12 月 20 日。

二、国际议题

1. 美国各县居民面临粮食不安全问题

美国饥饿救济组织“供养美国”的一项最新研究显示，几乎每个县都普遍存在民众负担不起健康食品的情况。2017年收集的数据还显示，美国97%的县都存在粮食不安全的问题，并且居民也无法加入大多数联邦营养援助计划，例如，俗称食品券的补充营养援助计划和通常称为美国妇幼营养补助计划的妇女、婴儿和儿童补充营养特别计划。

研究表明，这极大地影响了美国4000万人口的健康。无法负担健康食品会促使人们吃便宜又缺乏营养的食物，并可能导致与饮食有关的疾病，例如糖尿病，从而导致更高的医保成本和更重的工作负担，这两项压力会让家庭中本就紧张的食品预算雪上加霜。报告还显示，粮食不安全率排名前10%县的经济指标往往也很差，失业率、贫困率更高，房屋所有权和收入中位数更低。

报告还提出了三个主要发现。第一，相比成人，儿童健康会受到更大的影响，比如发育迟缓、哮喘、口腔健康问题，以及较低的数学和阅读成绩、行为问题（如多动、攻击性和焦虑）。第二，这些家庭会承担更高的食品成本，美国有43%的县的食品成本高于全国平均水平，有的甚至高出一倍。第三，粮食不安全率最高的县中，约有87%位于美国南部。主要城市以外区域和美国南部的有色人种社区面临更高的粮食不安全风险、持续较高的失业率和贫困率。①

① 参见 Zlati Meyer, “Every County in the U. S. Is Home to People Who Can’t Afford Food, Study Shows”, 2019年4月30日，见https://www.usatoday.com/story/money/2019/04/30/every-us-cou nty-home-people-who-cant-affordfood/3616731002/.

2. 苹果 iPhone 销量较上年下降

曾几何时，iPhone 的惊人成功使苹果迅速成为世界上最有价值的公司。现在，其低迷的智能手机销售正在拖累苹果的业务。由于智能手机需求疲软，其 2019 年前三个月的收入较 2018 年同期下降 5%。iPhone 的销售量较 2018 年同期下降了 17%。

近年来，苹果公司依靠售卖手机和提价来提升业绩，但在 2019 年初，苹果公司仍对投资者发出警告，受中美贸易摩擦影响，iPhone 在中国的销量遭受打击。但是，苹果公司首席执行官蒂姆·库克认为，苹果公司看到了中国市场的改善迹象，并特别提及中美之间“改善的贸易对话”，以及“客户对我们在该市场采取的价格策略反应非常积极”。

在中国，苹果面临着来自华为和小米等竞争对手的激烈竞争。华为和小米提供了更便宜的智能手机，而苹果手机的价位普遍较高。

苹果不久前将中国视为其最有前途的市场之一。尽管如此，苹果要在中国实现其销售额的再次增长，仍需走很长的路。①

第二节　经济安全理论

经济是社会生活的基础，经济安全是国家安全原生要素之一。经济全球化进一步激化了国际竞争，使得经济安全在整个国家安全体系中处于越来越重要的地位。金融、商业、市场这些与民生紧密相连的重要领域的安全，直接关系人民的生活水平和幸福程度。

一、国家经济安全的含义

国家经济安全是指一个国家在参与国际经济过程中，合理获取经济利益并

① 参见 Seth Fiegerman，“Apple’s iPhone Sales Fall 17% from Prior Year”，2019 年 4 月 30 日，见 https://edition.cnn.com/2019/04/30/tech/apple-q2-earnings/in dex.html.

得到有效保护而不受侵害或威胁，这是国民经济可持续发展的基础，从而使战略和环境具有保障而不受破坏和潜在威胁的危害，国际竞争能力不断增强并能够实现维护和巩固。当代国家经济安全的含义主要体现为：在开放条件下，一国政府能否有效地对本国经济进行管理和调控，能否有效地确立本国经济发展的战略目标，能否有效地抵御外国资本和国际市场的竞争压力与冲击，能否有效地保持在国内外市场的竞争优势，能否有效地维护本国经济制度和法律规范，能否有效地保障与提高人民生活水平和社会福利，能否有效地保护国家财富、资源和生态环境。

当今的经济全球化对国家经济安全有着巨大影响。经济全球化有利于提高社会生产力，有利于各国经济发展。但是经济全球化也带来了许多经济不安全因素，主要表现为：（1）传统意义的国家主权发生了弱化和转变。资本的国际化，使生产关系的调整突破了国界，传统国家的作用发生了重大变化。（2）经济风险全球化。特别是国际互联网络加速了经济风险的传导速度。（3）国际竞争日趋激烈。经济面临更多的不安全因素，尤其是少数经济强国的经济霸权主义，危害着其他国家的经济安全。（4）信息不安全。由于技术的局限和信息网络的国界模糊，国家信息系统最容易遭受攻击。同时，信息技术上的差异必然形成技术经济的垄断。（5）全球共同问题的威胁，包括贸易冲突、金融危机、人口膨胀、资源枯竭、环境污染等。

二、国家经济安全的主要内容

1. 资源安全

从国家经济安全的角度而论，资源主要是指天然形成并可以为人类所利用的物质和能量性的自然资源。它是人类生存和发展的自然物质基础，一般包括土地、水、生物、矿藏和气候等。其特殊性质在于稀缺性、自然系统性、可开发利用性和分布不均衡性。

我国虽然自然资源丰富，但是由于人口众多，人均资源量处于明显劣势，几乎所有的资源人均值均远低于世界平均水平。资源品位和空间分布也不均衡。资源问题非常突出，须合理利用资源，开发和保护并重。

2. 国有经济安全

我国国有经济的实质是社会主义公有制经济。国有经济是我国的经济基础和国民经济命脉，起着决定性主导作用。

国有经济安全是指国有经济在整个国民经济发展中必须保证固有的自我积累和自我发展的机制及能力，实现应有的保值增值，同时，必须保障国有经济在重要产业中的绝对优势和控制国民经济命脉的主导地位。目前，对国有经济构成威胁和危害的主要因素有：（1）各种违法乱纪行为造成国有资产流失。（2）经营管理不善造成企业亏损甚至破产。（3）决策失误造成大量的银行呆账死账或国家财产损失。（4）掠夺性开采国家各种矿藏，如滥伐森林、不合理使用或污染耕地和水源。（5）“权钱交易”使国家投资项目产生严重损公肥私现象。（6）在对外经济活动中，许多制度和人为原因导致效益外流。

3. 国家财政安全

国家财政安全在于维护国家财政收支平衡和国民收入稳健增长。

影响我国财政安全的主要因素是：（1）各种偷税、骗税、漏税、逃税和抗税行为的普遍发生，会造成国家大量税收损失。（2）支出体系和机制不健全造成国家财富浪费和流失。我国财政支出是由经常性支出和建设性支出两大部分构成，过度庞大的政府机构使经常性支出居高难下，而一些政府机构的渎职、贪污受贿和决策失误等行为，也必然导致国家财政建设性支出的损失。（3）过高的财政赤字和过度的财政债务会引发严重通货膨胀，造成国家财政危机。

4. 金融安全

金融是现代经济的核心，是国民经济的命脉。在现代经济中，金融起着不可替代的作用。金融安全是指国家金融政策、金融机构和市场、金融活动等都能够有效地抵御和消除来自国内外各种风险的冲击和侵害，确保国家正常稳定的金融功能和金融秩序。金融安全是国家经济安全的重中之重。

影响我国金融安全的主要因素是：（1）国内经济不景气，造成社会有效需求不足，导致企业整体效益下降，亏损增加，银行不良债权加大。（2）国际金融风险加大。随着我国经济不断开放，国际金融风险随时威胁着我国金融市场。（3）金融违规和犯罪活动是破坏金融安全的人为因素。（4）金融政策失误会造成严重的通货膨胀和金融市场动荡。

5. 农业经济安全

农业经济安全，主要是粮食安全，指在任何时候都应当确保全体国民能够获得为生存和健康所需要的基本“口粮”和充足食品。农业安全是国家经济安全的最后底线。

我国农业发展存在的主要问题是：（1）巨大的人口数量给农业造成极其沉重的压力。农业人口占全国人口的80%，约有3亿农村劳动力处于相对过剩状态，农民的文化素质和科技水平普遍偏低，制约着我国农业发展。（2）农业科技总体水平较低。（3）农业生产条件和环境日趋恶化，主要表现为耕地锐减、土地大面积沙化、水土流失严重、林草地退化加重、河流污染、水利设施年久失修。

特别应当指出的是，农业是目前人类社会所有经济门类中最脆弱的部门，最容易遭受自然灾害的威胁。我国农业基础薄弱、发展滞缓、负担沉重、灾害频繁，因此必须加大农业投入，加快农业产业化进程，提高农业科技水平，从根本上解决农业安全问题。

6. 商业秘密的保护

商业秘密是指不为公众所知悉，能为权利人带来经济利益，具有实用性并经权利人采取保密措施的技术信息和经营信息。随着国际经济竞争日趋激烈，窃取商业秘密成为最常见的不正当竞争方式。对于商业秘密的保护，既需要企业具有保密意识和职责，又需要国家法律保护。

7. 市场安全

经过改革开放，我国经济已转变为社会主义市场经济，市场机制已经成为国民经济运行的主导力量，国内市场更加开放。保护我国市场安全就成为国家经济安全的重要内容之一。

2001年中国加入世贸组织，有效促进了国民经济的发展，同时也加剧了市场竞争，加大了市场风险。我国各行业和企业直接面临国际市场的竞争风险，必须采取周全有效的措施，趋利避害，降低风险。

对外开放后大量外资进入严重冲击了中国自主品牌，抢占了国内市场。这也为我国经济安全提出了一个新问题，即外资经济与民族经济的结构问题，或者说国内市场谁为主导的问题。

8. 防范打击经济犯罪

影响国家经济安全的经济犯罪主要有：（1）公职人员的“权力寻租活动”，即侵蚀巨额国有资产、徇私舞弊、贪污受贿、渎职和滥用职权而谋取私利、出卖国家秘密等。（2）“黑色经济”活动。它是指政府控制不到，其行为又违背现行法律和规定的经济活动。“黑色经济”包括走私、赌博、开办黄色行业、贩毒、拐卖人口、行贿索贿、开办地下工厂、制造销售假冒伪劣产品、制造假票证和货币、金融诈骗、偷税抗税、严重欺行霸市等。（3）“经济间谍”活动。由于中国经济的快速发展，中国成为外国经济间谍情报活动的重要目标。他们使用各种手段，或明偷暗盗、收买拉拢，或策反渗透、欺诈套取，或黑客破译、网络袭击，危害我国国家经济安全。

随着时代发展，国家经济安全的内容会越来越丰富，而且这些内容不是孤立和片面地存在，而是相互联系、相互作用，构成一个完整的国家经济安全体系。

三、保障我国经济安全的途径

1. 政府维护国家经济安全

政府对宏观经济进行调控管理，弥补市场机制的不足和缺陷，保证社会经济健康、稳定和持久发展。提供公共服务，建立健全科学民主的决策机制，制定国家经济发展和安全战略，建立社会保障制度，建设国家基础设施。建立完善国家经济安全的法律制度、预警系统和防范机制，以有效地维护国家经济制度和市场秩序，保卫国家经济利益。代表国家参与国际经济活动，协调发展国际经济关系，提高国家在国际经济中的地位和竞争能力。维护国家的总体和战略经济利益，协调各地方和各部门的经济利益。在国家经济遭遇重大灾害或危机时，采取非常手段，紧急动员使用国家储备力量和资源，减少经济损失。

2. 法治是维护国家经济安全的根本保障

维护国家经济安全是一项复杂的系统工程，其最根本的措施在于法治。首先，在立法方面，我国制定了一系列有关维护国家经济安全的专门法律法规。在《中华人民共和国国家安全法》和《中华人民共和国刑法》等重要法律中也包含了相应的内容。这些法律为维护国家经济安全提供了重要的法律依据。其次，国家主要的执法和司法专门机构承担着维护国家经济安全的职责。最后，按照国家规定，各执法司法机构各司其职、密切配合，共同维护国家经济安全。

3. 建立国家经济安全的监测预警系统

维护国家经济安全，需要建立国家经济安全的监测预警系统。

国家经济安全监测是指对有关国家经济安全状况进行研究、分析和评价，以发现经济不安全因素甚至导致危机的问题及其成因，为国家决策和调整提供可靠依据。监测就是对现实经济表象进行科学的、量化的和全面的了解，判断各经济部门和运行机构的活动情况是否正常、规范和有序。预警则是借助监测对已知的过去和现在的经济信息进行技术处理，对未来可能发生的不确定事件作出合理的逻辑性的描述。监测预警是国家决策的基础，是维护国家经济安全最重要的机制。

科学的监测预警体系要确定全面的监测预警组织体系和组织程序，需要科学的预警指标体系和预警方式，需要建立健全信息统计报告制度，建立风险预警的评估和反馈制度，建立有力的法律支持体系，以及广泛的国际信息交流系统。

附：

经济安全理论要点（中英对照）

国家经济安全是指一个国家在参与国际经济过程中，合理获取经济利益并得到有效保护而不受侵害或威胁，这是国民经济可持续发展的基础，从而使战略和环境具有保障而不受破坏和潜在威胁的危害，国际竞争能力不断增强并能够实现维护和巩固。

Economic security of a country means that the country, when participating in international economic activities, has reasonable access to economic benefits and is effectively protected from being infringed or threatened. It forms the basis for the sustainable development of the national economy, thus safeguarding the country in terms of strategies and environments against disruptions and potential hazards, and ensuring the international competitiveness of the country are strengthened and consolidated.

国家经济安全的基本内容包括：

1. 资源安全：主要指天然形成并可以为人类所利用的物质和能量性的自然资源。

2. 国有经济安全：指国有经济在整个国民经济发展中保证固有的自我积累和自我发展的机制及能力，实现应有的保值增值，同时，保障国有经济在重要产业中的绝对优势和控制国民经济命脉的主导地位。

3. 国家财政安全：指维护国家财政收支平衡和国民收入稳健增长。

4. 金融安全：指国家金融政策、金融机构和市场、金融活动等能够有效抵御和消除各种风险冲击和侵害，确保正常稳定的金融功能和秩序。

5. 农业经济安全：指在任何时候都确保全体国民能够获得为生存和健康所需要的基本“口粮”和充足食品。

6. 商业秘密的保护：商业秘密指不为公众所知悉，能为权利人带来经济利益，具有实用性并经权利人采取保密措施的技术信息和经营信息。

7. 市场安全：市场机制已成为我国国民经济运行的主导力量，市场安全是我国经济安全的重要内容。

8. 防范打击经济犯罪。

National economic security basically includes:

1. Resource security, namely the safety of substance and energy natural resources that are naturally formed and can be used by humans.

2. Security of the state-owned economy. It means that the state-owned economy, in the growth of the national economy, has its inherent mechanism and capacity

of self-accumulation and self-development ensured, its due value preserved and appreciated, and at the same time its absolute superiority in important industries and its leading role in controlling the lifelines of the national economy guaranteed.

3. National fiscal security, which aims to maintain the national fiscal balance and the steady growth of national income.

4. Financial security. It means that the country can effectively respond to and fend off various risks and challenges facing its financial policies, institutions and markets, and activities, to keep its financial sector function in order.

5. Security of agricultural economy. It means that all citizens can obtain the basic "ration" and sufficient food for their survival and health at all times.

6. Protection of trade secrets—all kinds of technical and business information that is economically beneficial and of high utility to the holders because it is kept confidential from the public by the holders.

7. Market security. It has constituted an important part of China's economic security because the market mechanism has become the leading force in the operation of China's national economy.

8. Economic crimes being prevented and combated.

保障我国经济安全的主要措施：

第一，政府对宏观经济进行调控管理，弥补市场机制的不足和缺陷，保证社会经济健康稳定持久发展。

第二，我国制定了一系列有关维护国家经济安全的法律法规，国家主要的执法和司法机构各司其职、密切配合，共同维护国家经济安全。

第三，建立国家经济安全的监测预警系统，对有关国家经济安全状况进行研究、分析和评价，以发现经济不安全因素及其成因，为国家决策和调整提供可靠依据。

China has introduced three major measures to guarantee its economic security.

First, the government regulates and manages the macro economy in compensation for the disadvantages and defects of the market mechanism to ensure the healthy, stable and sustained development of the social economy.

Second, China has formulated a series of laws and regulations on safeguarding national economic security, and urged its major law enforcement and judicial institutions to perform their respective functions and initiate close cooperation at the same time so that they can jointly safeguard the national economic security.

Third, a national monitoring and pre-warning system for economic security has been established in China to conduct research, analysis and evaluation on its economic security, find out risk factors for its economic security and their causes, and provide a reliable basis for it to make decisions and adjust policies.

第三节　热门电影赏析

《华尔街之狼》这部电影，是根据华尔街股票经纪人乔丹·贝尔福特的自传改编而成，真实而带有荒诞意味地再现了美国金融投资市场的灰色地带。乔丹，这头叱咤华尔街的“饿狼”，罔顾金融投资规则，通过“灰色经济”和“黑色经济”谋取暴利；而华尔街又是美国金融交易的枢纽，电影中呈现的种种金融投资乱象体现了美国放任对金融市场的监管，体现了金融安全是国民经济的命脉，是国家经济安全的重中之重这一事实。

一、剧照欣赏

二、剧情介绍

影片根据乔丹·贝尔福特的自传改编。1987 年，乔丹进入华尔街一家大公司，是一名低级职员。他的老板马克·哈纳向他传授了成功秘诀，那就是欲望和海洛因对于在华尔街立足是不可或缺的。然而就在乔丹取得证书，成为正式的股票经纪人不久，这家公司就在那场著名的“黑色星期一”股灾中破产了。

当时失业的乔丹在妻子泰蕾莎的提议下，来到长岛的一家小型股票经纪所工作。由于经手的都是非常廉价的股票，这里没有引起监管部门的注意。乔丹还与住在同一栋公寓的推销员多尼·阿佐夫交上了朋友，两人合伙开了一家股票公司，公司赚钱的方式就是依靠电话推销低价股，用欺诈性的股票销售来欺骗投资者。随着公司发展壮大，乔丹成了名人，《福布斯》杂志给了他“华尔街之狼”的绰号。

与此同时，乔丹真正过上了哈纳向他描述的那种奢靡生活。不过在这时，有一位名叫帕特里克·德汉姆的 FBI 探员盯上了乔丹。

通过为鞋业公司史蒂夫·马登进行股权融资，乔丹一夜之间赚到了2200万美元。然而在往国外转移金钱的时候出了差错，乔丹的计划险些暴露。

多尼心里过意不去，带着一盒强劲的安眠酮来找乔丹谢罪。两人服用了过多剂量的药物，身体和神经失去了控制。乔丹的父亲麦克斯劝他尽早离开以躲避牢狱之灾。然而在告别宴会上，乔丹忽然改变了主意决定留下来，这让他的员工们士气高涨。

驾驶着游艇和妻子、多尼一家在开往瑞士的途中遭遇了风暴。九死一生之后，乔丹认为他领悟到了上帝的指示：他急流勇退的时候到了。最后，乔丹被银行家苏里尔出卖入狱。为了争取减刑，乔丹也开始出卖他之前的同事和朋友，包括多尼。在内华达一所监狱里服刑36个月之后，乔丹重获自由，之后远走新西兰，成为一名传授推销技术的演讲师。

三、热点影评

为了提高大家批判性思考的能力，我们为大家提供不同角度的影评，大家可以在阅读之余，形成自己的观点。

1. 正面影评

《华尔街之狼》虽然没有各种奖项和奥斯卡提名的加持，但作为马丁·斯科塞斯的电影以及拥有豪华阵容演员列表的影片，就足以让影迷期待。《华尔街之狼》最后令人清醒的结尾似乎暗示着金融系统已经崩溃。

这部电影制作精良，斯科塞斯使这部电影充满力量，配乐使电影增色不少。男主角迪卡普里奥富有魅力，不仅吸引了观众，更让电影富有活力。电影的配角也是星光熠熠，并没有让观众有跳戏的感觉，足以证明这部电影的品质。《华尔街之狼》获得了大量的赞誉。

网友评论节摘：

电影的前两个小时让人沉浸在充满活力和能量的节奏中，并真实体会到被成功、金钱和地位冲昏头脑的感觉。在这点上，我感受颇深，即使电影有些过于夸大了这种体验，但我也想成为电影中的成功者。

2. 负面影评

电影改编自乔丹·贝尔福特的自传，书中不仅描述了商业操作的细节，还充斥着奢靡生活、腐败和毒品的负面描述。电影基本忠实于原著，但有三个主要问题。第一个问题是过于美化了欺诈行为和贝尔福特的纵欲生活。虽然电影是在告诉观众“犯罪终会付出代价”，但贝尔福特和他的团伙的所作所为，还是让不少观众带着震惊走出了影院。

第二个问题是电影中缺少正面形象的镜头。当贝尔福特暴富、药物成瘾的时候，当他犯罪的时候，电影没有展示造成的后果，那观众怎么会知道犯罪的错误有多么严重？电影过于沉浸在对贝尔福特丑闻的描述中，并给了观众这样一个印象，就是贝尔福特只是过于疯狂或者聪明，却没造成什么后果。

第三个问题是角色塑造，角色们非黑即白，没有任何内心挣扎或者成长。迪卡普里奥虽然尽职尽责地塑造了角色，但这种浮华的设定很难让人信服。

网友评论节摘：

由于这部影片没有一个明确的道德核心，因此无论是在角色塑造还是在表达的信息上，都不如《好家伙》。虽然我不介意电影里那副“爱谁谁”的态度，但是这么明目张胆地大肆炫耀这种态度，还是让我觉得不太舒服。我非常坦诚地承认，我本来对这部由马丁·斯科塞斯和迪卡普里奥联手打造的电影抱有极高的期待，但看过之后，我不得不说我非常失望。

第四节 电影分析与思考

故事发生在20世纪80年代末的金融中心纽约。1987年10月19日，初出茅庐的乔丹，刚刚考取了证券经纪人执照（Series 7），成为合法的股票经纪人，准备在投资市场大展拳脚。没想到这一天恰逢“黑色星期一”，股票市场崩盘，他入职的百年罗斯柴尔德公司倒闭。在经济低迷的市场中，企业效益下降、大幅裁员，有效需求不足，银行不良贷款骤增。失业的乔丹，正是看准了这个时机，钻了金融监管的漏洞，一夜暴富。电影涉及经济安全的内容表现在以下几个方面。

第一，金融投资者的疯狂失控，削弱了金融经济市场安全运作的基础。电影开篇使用一个长镜头渲染了社会对财富的疯狂追求、对暴富者的无理性崇拜。股票证券投资是高风险交易，而乔丹及他训练出来的经纪人，看准了当时美国人对财富的渴望，推波助澜地向民众贩卖一夜暴富的哲学。对财富的迷恋，使投资者失去理智和判断力，他们听从经纪人天花乱坠的兜售，将辛苦所得投入“垃圾股”，为了不让上一笔钱打水漂，又一笔笔追加资金，就像吸毒一样逐渐上瘾。股票投资变成了“轮盘赌”，整个金融市场的秩序被破坏。

第二，缺乏金融法规监管的投资活动危害市场的正常经济运作。合法的股票经纪人是以赚取佣金为目的，来代理客户买卖股票或债券的。所以作为股票证券交易中介，这些经纪人应如实向客户反馈市场行情。然而，电影中的这些经纪人，只想着将客户的资金转移到自己的腰包。他们丧失了股票经纪人最基本的职业操守，对客户谎话连篇。失业后的乔丹来到廉价股（Penny stock）公司，发现这些廉价股交易，一方面可以赚取50%的高额佣金，另一方面其违规操作可以轻易逃脱金融部门的监管。于是，乔丹开始放心大胆地向底层民众兜售“垃圾股”。接着，他又利用欺诈性销售掘得的第一桶金，与几位朋友创业。他们不断地钻监管漏洞，搜刮普通人的血汗钱。为了将目标客户拓展至有钱人，乔丹将自己的公司进行包装，疯狂扩张。对股票市场进行监管的证监会（SEC），注意到他们的问题，进入乔丹的公司查账。但是，乔丹指使手下故意设置种种障碍，还贿赂查账人员。权钱交易之下，证监会的监管形同虚设，以致纵容乔丹潇洒地行走在法律边缘。这些现象均表明，高风险、高收益的金融交易，如果缺乏有效公正的金融监管，就很容易被利欲熏心者钻了漏洞。

第三，IPO（首次公开发行股票）上市公司的疯狂造星运动，加剧了经济安全风险。IPO上市应该有严格而规范的流程，可是电影中乔丹是在和好友吸毒狂欢的幻觉中选择了投资对象——斯蒂夫·马登（Steve Madden），这个名字就隐喻了这次融资活动的疯狂。马登设计的松糕底女鞋不过是地摊货，却被乔丹吹捧包装为顶级名牌。这样一个垃圾品牌被推上市后，乔丹命公司众人同时游说投资人购买为其疯狂融资，一时间推高了马登公司的股票价格。乔丹公司因为持股85%，一夜之间就赚到2200万美元。电影中渲染了这种对股票市场的人为操纵，为经济安全埋下了极大隐患。

第四，电影中的“黑色经济”，包括金融诈骗、贩毒、卖淫、洗钱等违法活动，破坏了国家的经济安全局面。乔丹和他的追随者们通过金融诈骗牟取暴利，同时又在贩毒、酗酒等不法行为中放纵自己。乔丹高薪聘请名律师掩蔽自己的违法操作。当看到联邦调查局对自己的刑事调查步步收紧之后，他先是尝试贿赂探员，贿赂未果后便设法将非法所得运往瑞士，通过瑞士银行洗钱。当乔丹得知瑞士法律同样会处罚洗钱的违法行为时，便将资金存在其妻子在瑞士的姨妈的账户之下。这位姨妈猝然离世时，乔丹又伙同瑞士银行官员，伪造姨妈的签名，来继承这笔遗产。在经济全球化过程中，洗钱是对金融安全危害最大的违法行为，会使非法资金在全球范围自由流动，也会助长犯罪分子非法敛财的气焰。

有人称本片导演马丁·斯科塞斯为社会学家，的确，整部电影就是一部黑色幽默的讽喻之作，不仅为观众描画了纸醉金迷、道德沦丧的商业社会，还用夸张而荒诞的镜头、大胆而粗暴的台词，起到振聋发聩的警世作用。因为每个商业诈骗案件的背后，都牵扯家毁人亡的悲剧。电影并没有正面表现这些受害者的痛苦，单单聚焦于骗子的无耻和荒谬，但依然可以促使参与经济生活的普通观众意识到经济安全受到侵犯的严重后果。

第五章

军事安全

MILITARY SECURITY

第一节　你身边的威胁

军事安全是国家生存与发展的基本保障，不仅与国家经济联系紧密，而且在实现国家意志、维护国家政局稳定等方面具有其他任何手段所无法替代的特殊功能。

军事安全看似与我们的日常生活相距甚远，但其实我们身边每天都发生着很多与国家军事安全相关的事件，而这些事件也随时会影响我们的生活。

新闻概要

1. 2019年度全国大学生征兵工作全面展开

2019年4月29日，教育部、中央军委国防动员部在北京联合召开全国大学生征兵工作网络视频会议，标志着2019年度全国大学生征兵工作全面展开。

会议强调，各级兵役机关要深入贯彻习近平强军思想，推动新时代大学生征兵工作转型发展。首先，通过调比例、调结构，牵引征兵目标向优质大学生转变；其次，通过建立需求提报、定向补充、对口使用的精准征集模式，推动征兵工作向精准、精细、精实征集大学生转变；最后，通过升级完善全国征兵网和征兵体检信息化管理系统，实现征兵工作向综合运用信息手段、提质增效转变。

根据当前军事政策制度改革的需要，有关部门也将对大学生入役、在役、退役政策进行系统设计、调整完善，如为大学生参军搭建“绿色通道”、提高士官队伍待遇、做好大学生退役就业安置等，不断激发大学生参军报国热情。

会议还指出，为确保圆满完成年度大学生征兵任务，各级兵役机关和教育部门要强化军地协同，通过采取一系列措施，共同抓好大学生征兵工作创新落实。①

2. 习近平出席庆祝人民海军成立70周年海上阅兵活动

2019年4月23日，中共中央总书记、国家主席、中央军委主席习近平出席在青岛举行的庆祝人民海军成立70周年海上阅兵活动。

该活动在青岛奥帆中心码头举行，来自61个国家的海军代表团团长齐聚担负检阅任务的西宁舰。12时40分许，习近平检阅海军仪仗队，并登上检阅舰。随后，检阅舰驶向阅兵海域，人民海军32艘战舰威武列阵，参加庆典的13国海军18艘舰艇也整齐编队。

14时30分许，检阅舰到达预定海域。海军司令员沈金龙报告受阅部队准备完毕，习近平下达检阅开始的命令。受阅舰艇通过检阅舰时，习近平亲切问候官兵。

15时许，检阅舰向来访舰艇编队驶去，习近平向各国官兵挥手致意。俄罗斯、泰国、越南、印度、日本、菲律宾、孟加拉国、文莱、韩国、新加坡、澳大利亚、马来西亚、缅甸等国舰艇依次通过检阅舰。国际舰队检阅，是海军这一国际性军种特有的海上礼仪活动，是世界各国海军友好交流的一种独特方式。②

第二节　军事安全理论

军事安全是国家军队事务处于没有危险的客观状态。为了实现我国的核心国家利益和主要战略目标，关键在于避免军事冲突的发生，有必要积极维护我国的军事安全。

---

① 参见王亚军、杨龙泉：《2019年度全国大学生征兵工作全面展开》，新华网2019年4月30日。

② 参见李学勇、李宣良、梅世雄：《习近平出席庆祝人民海军成立70周年海上阅兵活动》，新华网2019年4月23日。

一、国家军事安全的含义

军事安全就是指国家军队事务处于没有危险的客观状态，也就是国家的军事存在、军事力量和军事活动等不受威胁、挑战和打击、破坏的客观状态。

军事安全是国家生存与发展的基本保障。军事与国家经济实力的联系非常紧密。军事作为一种强有力的威慑手段，在国家对外战略中的作用明显增强。因而，军事力量在实现国家意志、支持和推行国家的外交政策、改善并巩固国家在新的国际战略格局中的地位、维护国家的政局稳定等方面，都具有其他任何手段所无法替代的特殊功能。

军事安全的基本目标是运用军事力量保卫国民的根本利益和安全、国家主权独立、领土完整和统一、边界不受侵犯、防范军事威胁、保障国民的安全与利益等。

二、国家军事安全的主要内容

军事安全主要包括军队安全、军人安全、军纪安全、军备安全、军事设施安全、军事秘密安全、军事信息安全、军事工业安全、军事活动安全等。

军队安全是军事安全中最基本、最核心、最重要的内容。军队安全就是负责国家对外防御、保障国家安全的武装力量不受威胁和侵害。

军人安全既是军队安全的主要内容，也是军事安全的重要内容。

军纪包括军队纪律和制度。军队是一种不同于其他社会组织的特殊社会组织，严明的军纪是军队战斗力的制度保障。中外历史上能征善战的军队多是军纪严明的部队。为此，在军队系统深入反腐，强化制度纪律建设，做到军纪严明，是我国军队的一项重要政治任务。

军备安全即军事装备安全。狭义的军事装备是指直接用于作战的武器装备；广义的军事装备还包括后勤物资，如枪支弹药、火炮车马、舰船飞机、卫星飞船、通信器材、粮草被服、医疗体系等，但不包括军事设施。军事装备是军队战斗力的物质保障。军队的战斗力及战争的进程与结局，不仅受军事装备优劣的影响，还受军事装备安全状况的影响。

军事设施是指专门用于军事目的的建筑、场地和设备，是军队履行职能的重要依托，是国防实力和军队战斗力的重要组成部分。主要包括军事指挥工程、作战工程、防护工程、国防通信线路、军用机场以及码头、训练场、仓库、营房等。军事设施安全状况直接影响整个军事安全、国防安全和国家安全。

军事秘密安全也很重要。任何国家和军队，为了能够战胜对方，一方面会想尽办法获取对方的情况和秘密，另一方面会千方百计保护自己的情况和秘密不被对方获悉。

军事信息安全是全球进入信息化时代后军事安全的新内容。如今，在信息网络时代，信息网络技术已经渗透到战争和军事活动的每个环节。在这种情况下，信息安全及其重要组成部分网络安全，不仅成为军事安全的重要内容，而且很大程度上决定着军队战斗力状况和整个军事安全。

军事工业是专门生产、制造、建造用于军事国防目的的武器装备、船舶车辆、侦察器材、通信工具、指挥系统、被服织物、医疗器材、军事设备、军事建筑、军事场地等物质资料的企业和生产部门。军工安全既包括军工生产安全、军工产品安全，也包括军工秘密安全。

军事活动是军队有目的、有计划、有组织地使用武装力量的过程，可分为战争性军事活动和非战争性军事活动。战争性军事活动可按武装冲突的等级分为战争、战役和战斗三个层次。非战争性军事活动包括军演、维和、反恐、救援、护航等。

三、维护我国军事安全的途径

我国军事安全面临诸多挑战，主要表现为：美国在亚太构筑新的地区性军事联盟；台湾独立的危险；周边地区冲突的威胁并没有完全消除，边界分歧、海洋权益争端还没有彻底解决；全球新一轮军事科技竞赛；隐蔽战线在军事领域的斗争更加尖锐复杂；等等。

维护我国军事安全，要围绕实现党在新形势下的强军目标，坚持积极防御方针，加快推进国防和军队现代化建设，整体运筹和平时期军事力量运用，使军队始终成为维护国家安全的可靠力量。维护我国军事安全需要做好以下几个方面：

1. 更加注重运用军事力量和手段营造有利战略态势

强化和平时期军事理论和手段运用，要统筹应对威胁和挑战，保持战略全局平衡和稳定。加强情报侦察预警，要及早发现危机征候。要能够妥善应对突发情况、蓄意挑衅以及战争威胁。

2. 不断创新军事战略指导和作战思想

在毫不动摇坚持积极防御战略思想的同时，要不断丰富和发展这一思想的内涵，进一步拓宽战略视野、更新战略思维、前移指导重心，注重深远经略，综合管控危机。进行军事斗争准备，要把基点放在打赢信息化局部战争上。不断创新基本作战思想。根据我国地缘战略环境、面临安全威胁和军队战略任务，构建全局统筹、分区负责、相互策应、互为一体的战略部署和军事部署。

3. 高度关注应对新型安全领域挑战

太空和网络空间等领域是军事竞争的制高点，且竞争日趋激烈，须高度重视、紧密跟踪，确保有效应对，争取战略主动权。我国一贯主张和平利用太空，为应对新的竞争，须密切跟踪掌握太空态势，保卫太空资产安全，服务国家经济建设和社会发展。网络空间国际战略竞争日趋激烈，必须加快网络空间力量建设，提高网络空间态势感知、网络防御能力，遏制网络空间重大危机，保障国家网络与信息安全，掌握新型安全领域军事竞争战略主动权。

4. 积极参与地区和国际安全合作

坚持共同安全、综合安全、合作安全和可持续安全，发展不结盟、不对抗、不针对第三方的对外军事关系，积极拓展军事安全合作空间。全方位发展对外军事关系。推进务实性军事合作。履行国际责任和义务。

5. 坚持走军民融合式发展道路

推动经济建设和国防建设融合发展。坚持发展和安全兼顾、富国和强军统一，实施军民融合发展战略，形成全要素、多领域、高效益的军民融合发展格局。

附：

军事安全理论要点（中英对照）

军事安全就是指国家军队事务处于没有危险的客观状态，也就是国家的军事存在、军事力量和军事活动等不受威胁、挑战和打击、破坏的客观状态。军事安全的基本目标是运用军事力量保卫国民的根本利益和安全、国家主权独立、领土完整和统一、边界不受侵犯、防范军事威胁、保障国民的安全与利益等。

Military security of a country refers to the state in which its military affairs are free from dangers or threats. Specifically speaking, its military presences, forces and activities are prevented from being threatened, challenged, disrupted or destroyed. The fundamental objective of military security is to support interests and safety of citizens, defend sovereign independence, protect territorial integrity and unity, safeguard peace of border and guard against military threats by military forces.

军事安全主要包括：

1. 军队安全：军队安全就是负责国家对外防御、保障国家安全的武装力量不受威胁和侵害。

2. 军人安全。

3. 军纪安全：在军队系统深入反腐，强化制度纪律建设，做到军纪严明。

4. 军备安全：军事装备是军队战斗力的物质保障。

5. 军事设施安全：军事设施是军队履行职能的重要依托，是国防实力和军队战斗力的重要组成部分。

6. 军事秘密安全。

7. 军事信息安全：军事信息安全是全球进入信息化时代后军事安全的新内容。

8. 军事工业安全：既包括军工生产安全、军工产品安全，也包括军工秘密安全。

9. 军事活动安全：军事活动是军队有目的、有计划、有组织地使用武装力量的过程。

Military security involves:

1. Security of armed forces, meaning military forces responsible for national defense and security are prevented from being threatened or invaded.

2. Soldier security.

3. Discipline security, meaning conducting further anti-corruption campaigns among military system and strengthening regulations to ensure strict disciplines are followed in the army/military disciplines are strictly enforced by enhancement in anti-corruption campaigns and reinforcement in rules and regulations among the military system.

4. Armament security. Armament is the material guarantee to the combat power/performance of military presences.

5. Facility security. Military facilities provide significant support for the troops to perform military functions and play a crucial role in national defense and the combat power of military presences.

6. Security of military secrets.

7. Security of military information, a new area addressing security issues emerging with the trend of global information era.

8. Security of military industry, including production safety, products safety and industrial secrets security.

9. Operation security. Military operations refer to the process of employing military forces with purpose and in a planned manner.

维护我国军事安全的基本途径如下:

1. 更加注重运用军事力量和手段营造有利战略态势;要能够妥善应对突发情况、蓄意挑衅以及战争威胁。

2. 不断创新军事战略指导和作战思想。根据我国地缘战略环境、面临安全威胁和军队战略任务,构建全局统筹、分区负责、相互策应、互为一体的战略部署和军事布势。

3. 高度关注应对新型安全领域挑战。太空和网络空间等领域是军事竞争的制高点，须高度重视，争取战略主动权，确保有效应对。

4. 积极参与地区和国际安全合作，履行国际责任和义务。

5. 坚持走军民融合式发展道路，推动经济建设和国防建设融合发展。

To ensure its military security, China needs to:

1. Put more emphasis on its deployment of military forces and use of military measures to shape an advantageous strategic posture, and build up its capability to cope well with emergencies, provocations and threats of war.

2. Stimulate constant innovation in strategic guidance and combat philosophy for the military. China's geostrategic environment, strategic mission and security threats it faces call for its balanced and integrated strategic deployment and military layout where the theaters see to their own affairs in normal times and support each other once in need.

3. Focus on the challenges in new security domains and ensure preparedness accordingly. Among all the domains, space and cyberspace, known as the commanding height in military competition, are where China needs to pay specially high attention and take strategically active position for more effective preparation.

4. Actively participate in regional and international cooperation in security, and shoulder its obligation and responsibility as part of the international community.

5. Adhere to the strategy of civil-military integration, and achieve integrated growth of economic prosperity and military strength.

第三节　热门电影赏析

《珍珠港》这部电影以第二次世界大战期间日本偷袭美国珍珠港为背景，讲述了从小一起长大的雷夫和丹尼这对好兄弟与军队女护士伊芙琳的情感纠葛。珍珠港遇袭，美国领土受到外国军事力量打击，充分证明军事安全是国家生存与发展的基本保障。一个国家没有强大的军事力量，就无法捍卫国家免遭外国侵略，无法保卫国民的根本利益。

一、剧照欣赏

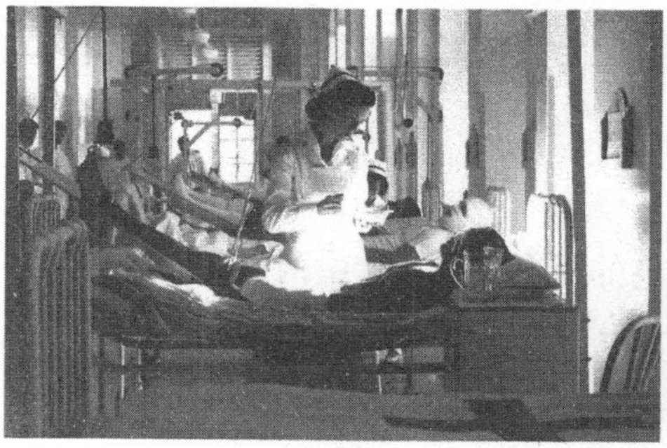

二、剧情介绍

从小一起长大又都酷爱飞行的雷夫与丹尼是美国空军杰出的飞行员。服役期间，正值第二次世界大战，雷夫作为精英部队的成员被美军派往欧洲大陆作战，以协助欧洲各国抵抗德军的侵略。出发前夕，雷夫将心爱之人伊芙琳托付给自己最信任的好兄弟丹尼照料。不料，前方很快便传来噩耗，雷夫的战机在一次空战中被敌军击落，雷夫生死未卜，凶多吉少。伤心痛苦的伊芙琳与丹尼面对如此重创，只能彼此安慰，努力寻找生活的希望，而两人在这艰难的过程中，相互搀扶，渐生情愫。

然而命运弄人，正当伊芙琳与丹尼相依为命之际，大难不死的雷夫竟突然出现在二人面前。就在三人不知该如何解此困局的时候，日军开始了偷袭珍珠港的阴谋。面对危急的战局，从好友变为情敌的雷夫与丹尼，最终决定将个人感情搁到一旁，携手作战，用他们精湛的飞行技术与日军展开了殊死搏斗……

三、热点影评

为了提高大家批判性的思考能力，我们为大家提供不同角度的影评，大家可以在阅读之余，形成自己的观点。

1. 正面影评

电影《珍珠港》围绕日本偷袭珍珠港的历史事件和片中两位男主人公与一位女主人公的爱情故事展开。影片制作团队强大，故事内容充实，戏剧冲突强烈，给观众带来了非常难忘的观影体验。

在情节与题材的选择上，该片首先以严肃宏大的第二次世界大战历史作为背景，对于美军支援欧洲战场，以及后来日本偷袭珍珠港后美军发动反攻等历史性战役都有较为细致的刻画与展现。同时，影片又将三名主人公的个人成长与情感经历设定为故事的前景，以雷夫、丹尼和伊芙琳作为宏大叙事的现实承载者，一边讲述他们三人之间曲折繁复的小故事，一边又从他们的个体视角带领观众走近这场世界大战。故事情节完整，节奏张弛有度。

在视觉效果的呈现上，该片采用大量实景拍摄与特技处理相结合的手法，力求还原战争场面的逼真效果，全景镜头与特写镜头交替运用，营造出了较为真实的战争环境，同时也能很好地带动观众的情感起伏。

总体而言，这部影片较为成功地再现了历史上的珍珠港事件，在引发观众对战争进行深刻思考的同时，也令人们再次看到了人性的闪光点。

网友评论节摘：

网友1：

虽然这部电影与历史上珍珠港事件的细节并不完全一致，但这是电影创作，不是纪录片！这是一次绝佳的观影体验，我强烈推荐！

网友2：

这部电影在处理浪漫故事情节和讲述1941年12月7日的真实事件时表现出色。视觉效果很棒！

2. 负面影评

对该片持负面态度的大多数观众，主要意见首先集中在它对于真实历史的细节展示得不够准确上。观众们认为，影片在宣传之时着力强调这是讲述“珍珠港事件”的作品，然而人们在观看时却发现片中有大量细节都与真正的史实不符。

其次，影片重点不够突出，名为“珍珠港”，实际涉及日军偷袭珍珠港的片段非常短暂，反而是将主要的战争场面都放在了之前的欧洲战场和珍珠港被袭之后美军对日军的反击上。真正需要展现的关于珍珠港被袭的诸多细节明显不足。

最后，观众们还认为影片花费了过多的篇幅去讲述男女主人公之间与战争并无多少关联的恋爱纠葛，且台词和场景都略显老套、俗气。

网友评论节摘：

网友1：

这部电影宣传时说要讲述珍珠港事件，但观看时却给了我一个三角恋故事。

网友2：

电影完全需要重新剪辑，对珍珠港被袭事件的呈现严重不足，而且细节与史实不符。

第四节　电影分析与思考

电影《珍珠港》这部长达三个小时的鸿篇巨制，回顾了珍珠港事件和奇袭东京这段历史。影片涉及对军事安全话题的探讨。日军的突袭，使珍珠港的军事装备和军事设施受到摧毁性的破坏，美国的军事秘密被窃取，军队力量和成员的安全受到威胁。军事安全的屏障一旦被攻破，国家安全和国民安全也会受到相应的损害。影片中决定军事安全的因素，可以归结为以下五个方面。

第一，维护重要军事设施和装备时高度戒备。美国海军太平洋舰队是美国在亚太地区的主要军事力量，舰队总司令部就设在夏威夷。珍珠港是太平洋岛屿中最大、最安全的停泊基地，这里是美国海军精华力量的所在。电影开始，美国军队自上而下都洋溢着一种强大的自信，他们根本没有把日本放在眼里。而这种强大的自信是由先进的武器装备支撑起来的。军事装备是军队战斗力的物质保障，而军事设施是军队履行职能的重要依托，是国防实力和军事战斗力的重要组成部分。日军联合舰队总司令山本五十六深谙，要想给予美军致命的打击，就要摧毁它最精锐的军事装备。这次突袭，珍珠港的战备损失惨重：8 艘战列舰被击沉 4 艘，其余受重创，6 艘巡洋舰和 3 艘驱逐舰被击伤，300 多架飞机被毁或受损。

第二，充分保护己方的军事信息安全。据电影中的细节描写，日方在突袭前几个月，就向夏威夷地区派驻大量日本间谍，来刺探和窃取关于太平洋舰队的军事机密。珍珠港的特殊地位，应具有最高的戒备等级，一般的民用船舶和外国舰队都无权进入。但是日本竟然派间谍通过瓦胡岛的观光飞机，拍摄到了标明舰船停泊准确位置的照片。居住在珍珠港的日本侨民也为军方提供了便利。电影中一位日籍牙医的诊所就在军港附近，他不仅能从窗口观察到军舰在港里的停留情况以及舰上水手的数量，而且还用隐藏相机拍摄了军舰的近距离照片，同时还能报告袭击当天的天气适飞状况。在突袭前夕（1941 年 12 月 5 日），尽管美军与日关系紧张，拦截监听到东京打给这位间谍牙医的奇怪电话时，美军却没有给予足够重视。而日方却在开战之前完全查明了瓦胡岛的防御措施、兵力部署、飞机舰船分布情况和美军的活动规律。同时，日方也严密地保护己方计划，严格地进行无线电管制，航母编队行进时也隐蔽行动，声东击西，绕道迂回前往。

第三，军方高层要重视对敌方开展的情报工作。情报的比拼往往决定成败，而截获电报、破解密码的时机更是制胜的关键。电影中一系列的延误，造成了美军失利。美国军方高层也没有足够重视情报信息的价值。电影中有个场景，主管情报工作的上校预测出了日本舰队的攻击目标是珍珠港。此人曾在亚洲工作过，熟悉亚洲人善于制造假象的思维方式，同时他也揣摩出了日本袭击珍珠港的可能动机，他结合破译出的日军电码作出了正确的推测，但遗憾的是，将军认为这些情报只是风声鹤唳，不足以取信，更不想花费上百万美元来使整个舰队进入战斗部署。试想，如果他们信任这位上校的情报，不放过任何传闻，警惕敌军步兵移动和舰队移动的痕迹，历史就可能被重写。最后，当美军真正破译出密码、从华盛顿发报给珍珠港时，袭击已然发生。电影中，军官拿着迟来的电报，望着舰船边漂浮的水兵尸体悲痛欲绝。

第四，给予军队成员足够的安全保障。此次偷袭，珍珠港的美军没有丝毫的戒备。袭击当天清晨，舰上的水兵刚刚睁开蒙眬的睡眼，甲板上负责防卫的水兵也并无戒心。当敌方的炮弹和鱼雷纷至沓来，这些年轻的战士措手不及，四散奔逃。亚利桑那号军舰被炮弹和鱼雷击中后十分钟便沉入水下，舱内1177名水兵来不及逃生，随舰沉入水下全部遇难。此次突袭，共有2403名美国人丧生，1299人受伤。大难来临之时，战地医院的急救设备、药物、医务人员等也都严重短缺。

第五，保持足够的防范意识。珍珠港事件的起因很多，但这部电影大书特书了美军的轻敌麻痹和骄傲自负。美军一直以海上霸主自居，万万没想到他们骄傲的战舰，竟然能被不屑一顾的敌人摧毁。罗斯福总统下令将珍珠港的12艘航母调去大西洋，以支援欧洲战场。太平洋舰队总司令金美尔上将在视察珍珠港时，虽然嘱咐让舰队加强警惕性，但没有进行实际的部署。他们认为珍珠港水浅，兼之以潜艇布阵防卫，敌人难以实施鱼雷攻击；同时飞机也被集中起来对珍珠港加以保护；周围的机场有新建的雷达站。他们坚信天然屏障是他们最好的防卫，却万万没想到日本突出奇招，动用航母将轰炸机秘密运至珍珠港附近起飞。因为自负和大意，美军忽视了重要的信息。突袭当日清晨6点35分，美军的一艘驱逐舰击沉了潜入港口的敌方潜艇，可是这一消息直到7点20分才抵达将军那里。7点的时候，美军瓦胡岛雷达其实已显示东北部有大量回波，实为日军战机，值班军官却将其误认为美国本土飞来的 B-17 轰炸机群，而未向上级报告。这些明显的突袭前奏竟然都未引起美方注意。甚至在日本战机扔下第一颗导弹时，美巡洋舰上的指挥官还以为是一场常规演习。

电影后面的部分描写了美国对日的反击——“奇袭东京”行动，这不仅是报复，而且是被渲染为维护国家和民族尊严的抗争。雷夫和丹尼不顾个人安危，一起加入了 1942 年 4 月 2 日的这次秘密行动。电影将他们塑造为信仰坚定、无坚不摧的民族英雄——仅仅凭借 16 架飞机，几乎是单枪匹马地对抗日本的防卫力量。他们驾驶 B-27 战斗机在极限高度危险起飞，低空飞行轰炸东京的海军造舰厂等军工设施达 30 秒之久，之后凭借一己之力迫降在中国境内。他们在轰炸日本的炮弹上拴上日美和谈中的友谊纪念章，显然在嘲讽日本的虚伪无信，进而维护了美国反攻日本的正义性。除此之外，黑人水兵厨师也有大量镜头，他可以突破种族界限，在战争中建功，也算是对美国平等理念的正向宣传。电影中的罗斯福总统也表现出了英雄气概，他为了说服军方高层去部署不可完成的复仇使命，用自己轮椅上的经历发表鼓舞人心的演说，并推开自己的轮椅，艰难地站了起来。

电影即将结束时借女主人公的画外音点题：美国经历战争的洗礼后得到了成长，在自负中品尝了失败的滋味，又以不灭的信念迎来胜利。影片最终定格于两个切换的画面：一个是沉睡于海底的亚利桑那号战舰，上面承载着 1000 多水兵的亡灵；另一个是英雄归家后享受天伦之乐的场景。死亡中孕育了生命的喜悦，牺牲带来了新的希望，美国经历不可避免的战争磨难，但英雄们会因信念和荣誉而奋起抗争，最终会帮助国家走向新的希望。

第六章

文化安全

CULTURAL SECURITY

第一节　你身边的威胁

文化特质是一个国家极为重要的标志，而文化安全问题则由不同文化之间的交流与冲突而生。要保障一个国家的文化安全，确保其文化的先进性是最关键的一环。

文化安全与我们的日常生活息息相关，每天我们身边都会出现很多与国家文化安全相关的事件，而这些事件也随时会影响我们的生活。

新闻概要

一、国内议题

1. 良渚遗址申遗挑战西方文明起源理论

2017 年 7 月 6 日，联合国教科文组织第 43 届世界遗产委员会会议经过审议决定，将中国“良渚古城遗址”列入《世界遗产名录》。

委员会认为，良渚遗址展现了一个存在于中国新石器时代晚期以稻作农业为经济支撑、并存在社会分化和统一信仰体系的早期区域性国家形态，同时也真实展现了新石器时代长江下游稻作文明的发展程度和早期区域城市文明的全景，符合世界遗产的真实性和完整性要求。

委员会还认为，良渚遗址为中国以及该地区从新石器时代晚期到青铜时代早期的文化认同、社会政治组织以及社会文化的发展提供了无可替代的证据，同时揭示了从小规模新石器时代社会向具有等级制度、礼仪制度和玉器制作工艺的大型综合政治单元的过渡，代表了中国在 5000 多年前伟大史前稻作文明的成就。

一直以来，国际社会不时出现一些声音，称中华文明应从发现甲骨文的商代算起，也就是说能实证的只有 3500 年左右。而本次与会的各委员国一致认为，良渚古城遗址为实证中华 5000 多年文明提供了无可辩驳的实物依据和确凿的学术支撑。良渚古城遗址入遗，意味着它所代表的中华 5000 多年文明在国际上得到了广泛认可，同时其意义与价值，更在于突破了西方主导的文明起源理论，让全世界正视东亚文明的独特。[①]

2. 奢侈品牌 Burberry 中国新年广告片引起争议

2019 年 1 月 3 日，知名品牌 Burberry 发布了中国新年广告片，却因为“诡异的画风”而遭到了中国网民的吐槽。

该品牌在新浪微博上说明，此次广告片背后的含义是携手演绎阖家团圆，以全家福形式展现，以体现新与旧的交织，传统与现代的碰撞。然而，很多中国网民却认为广告照片里的人表情冰冷，色调灰暗，与中国过年时全家团圆的喜庆气氛不符，甚至不吉利。

近年来，奢侈品牌为了迎合中国农历新年的营销策略，推出针对中国市场的生肖元素、红色元素、汉字元素单品，却常常遭到网友群嘲“不懂中国文化”。如今中国占据着世界奢侈品 1/3 的市场，但年青一代的消费者不再是见着“奢侈品”就抢着掏腰包的跟风者，很多消费者能够理性面对各大品牌的各种营销策略。想要赢得中国消费者的心，各大品牌还应该更深入地了解中国，与消费者建立真正的情感和文化连接。[②]

二、国际议题

1. 巴黎圣母院大火，重要文物幸存，但依然受损严重

2019 年 4 月 15 日下午，一场大火席卷了法国著名的巴黎圣母院。这座举世瞩目的哥特式大教堂，从修建以来便收藏着数量庞大的珍贵文物及艺术品，而此次大火导致教堂的尖顶倒塌，许多有价值的珍宝也受到损害，令世界各地的人们担心不已。

巴黎消防队称大教堂的石质结构和教堂内的主要艺术品已被保存下来。其中最珍贵的“荆棘皇冠”以及 13 世纪法国国王圣路易斯所穿的束腰外套被带到了巴黎市政厅进行保管；其他一些重要的画作因为显示有被烟雾损坏的迹象，将被带到卢浮宫，并在那里进行除湿、保存和修复；大教堂的三个巨大玫

① 参见李煦：《学者秦岭：良渚遗址申遗挑战西方文明起源理论》，《长江日报》2017 年 7 月 16 日。
② 参见因因：《奢侈品牌 Burberry 中国新年广告片遭吐槽》，中国侨网 2019 年 1 月 9 日。

瑰花窗似乎也没有在大火中遭受灾难性的破坏。

虽然最有价值的文物基本幸免于难，但大教堂依然受损严重。教堂拱顶的一部分已在中殿倒塌。①

2. 电影版《唐顿庄园》上映，古典英伦风再成卖点

根据热播英剧《唐顿庄园》创作的电影版《唐顿庄园》于2019年12月13日正式上映，再度掀起观众对古典英伦贵族生活的关注风潮。

该剧此前在第六季播出之后已宣布完结，但全球观众对其持续不退的热情，甚至让不少此类英国历史剧都成了收视热点。这让《唐顿庄园》的主创人员们看到了创作其电影版本的可能性与市场需求，因而导演、编剧、主演等原班人马悉数回归，为观众献上了这场电影盛宴。

在创作此次电影剧本时，编剧从1912年英格兰君主乔治五世和玛丽皇后的一次约克之行中获得灵感，并将故事的大致情节嫁接到1927年的唐顿庄园身上，让克劳利家族的所有成员汇聚一堂，都加入到了这场接待皇室的盛大活动中。影片中，引人入胜的英伦庄园风光，别开生面的皇室贵族盛宴，牢牢地把观众吸引在这场华丽的故事之中。

在所有主创精益求精的努力下，电影《唐顿庄园》成功实现了从一部电视剧集向大银幕之作的创造性转换，成为一部既能让老粉丝重拾记忆，也能让新观众深受触动的作品。②

① 参见Emanuella Grinberg and Jack Guy，"Rose Windows of Notre Dame Are Safe but Fate of Other Treasures Is Unclear"，2019年4月16日，见https：//edition.cnn.com/2019/04/15/europe/notre-dame-artifacts/index.html.

② 参见Scott Huver，"How 'Downton Abbey' Transformed from TV Phenom to Box Office Champ—and Possible Film Franchise"，2019年9月27日，见https：//edition.cnn.com/2019/09/27/entertainment/downton-abbey-success/ index.html；《电影〈唐顿庄园〉正式上映，开启优雅新篇章》，网易娱乐2019年12月13日。

第二节 文化安全理论

国家文化安全的本质就是在文化的差异与冲突中保持与延续一个国家的文化特质。我们应当协调好文化的民族性、先进性、世界性、多样性之间的关系，积极保护我国特有的文化，维护国家文化安全。

一、文化安全的含义

任何国家都有自己的文化特质。这种文化特质是一个国家区别于另一个国家的极为重要的标志。这既使不同文化的交流和包容成为必然，也使文化矛盾和文化冲突成为必然。文化安全问题便由此而生。

国家文化安全问题，也就是如何处理各个国家具有差异性和多样性的文化与本国具有特殊性的文化的关系问题，是如何在世界各国差异性和多样性文化中保持本国文化的特殊性或文化特质的问题。

严格来说，国家文化安全问题的真正出现和突出表现，只有到了近代资本主义世界市场形成以后，特别是在西方列强对东方国家实行殖民策略、东西文明冲突日趋激烈的情况下才逐渐成为现实。近代以来，一些发达的资本主义国家凭借其先进的生产力和强大的经济基础、政治军事优势，不仅对相对落后的国家进行军事侵略和政治压迫，同时也进行文化渗透，搞文化霸权。因此，国家文化安全问题变得更为突出。

二、国家文化安全的主要内容

国家文化安全的本质就是在文化的差异与冲突中保持与延续一个国家的文化特质。

国家文化安全主要包括语言文字的安全、风俗习惯的安全、价值观念的安全、生活方式的安全等。

1. 语言文字安全

语言文字安全，首先是指一个国家使用自己固有语言与文字的权利不受外部因素特别是外部强权的威胁和侵害；其次是指一个国家的语言文字本身不因他国语言文字的影响或侵入而失去在国家政治、经济、社会、科技等领域的主导地位；再次是指语言文字在内外各种文化和非文化因素的影响下保持合理的纯洁性；最后是指语言文字的改革与发展能够安全稳步进行。

语言文字是文化和文明的载体，也是文化和文明最基本、最稳定、最持久的构成部分，是一个国家更为持久和稳定的标志和符号。在历史进程中，文化的许多方面都可能被改变，甚至被抛弃和重新选择，但是语言文字是难以完全被更新和改变的，是难以完全被抛弃和重新选择的。中华文明之所以能够延续5000年而没有中断和消亡，是因为汉语从来没有被中断和消亡。

当今世界，西方发达国家不仅在经济、军事、政治等方面凭借其优势占据世界霸主地位，而且在语言文化领域也对发展中国家采取霸权主义的态度，从而形成了文化霸权现象，以及包括生活话语霸权、学术话语霸权在内的话语霸权现象，影响甚至威胁着发展中国家的语言文字安全。

2. 风俗习惯安全

风俗习惯是一个民族或一个国家在长期历史发展中所形成的独特而稳定的风尚、礼节、信仰、做法等，表现在衣食住行、婚丧嫁娶、宗教活动、巫术禁忌等内容广泛、形式多样的行为模式中。

风俗习惯的相对稳定和继承发展，是一个国家和平时期安全稳定的重要社会基础，更是一个国家战败投降之后以期复国振兴的最后资本。一个国家的军队比较容易被打垮，政权也比较容易被颠覆，但其风俗习惯则难以改变。

必须注意的是，风俗习惯并不都是积极的、先进的，也并非永远不可更改的。事实上，任何一个国家的风俗习惯都会随着历史发展和社会进步而不断发生变革。

3. 价值观念安全

如果说风俗习惯表现出来的是各种各样的社会现象和人们的言行模式，是文化中较为外在也较为浅显的方面，那么价值观念则是这种言行模式背后发挥支撑作用的精神支柱，是文化中更内在也更为深刻的本质方面。

从社会生活的实际来看，价值观念是广大国民对各种各样的社会现象和自然现象的是非判断和基本态度，以及他们对自己将采用的行为目标、方式、手段等是否合理的价值定向。国家价值观念的安全，就是一个国家传统的和现存的价值观念在当代社会和广大国民中合理而有效地得以保持与延续，而不至于中断与消失。这不仅与家庭、社会、国家对国民的教育相关，还与其他国家文化的影响、渗透甚至侵略等相关，因而必须高度关注。

价值观念的安全是相对的，并非指价值观念完全不变，而是强调既保持一个国家基本价值观念的连续性，又不否认价值观念与时俱进发展变化的必然性和必要性。

4. 生活方式安全

生活方式是文化的集中体现，是个人内在价值观念的社会性外化，也是社会外在的风俗习惯的个体生活化。不同国家间的文化差异集中体现为生活方式的差异，其文化冲突更集中体现为生活方式的冲突。

与国家安全相联系的生活方式，是指人们在一定社会条件和环境下形成的涉及物质与精神、经济与政治、个人与社会等领域的言行模式，既包括物质生活也包括精神生活，既包括经济生活也包括政治生活，既包括私人范围的生活也包括公共领域中的生活。

生活方式安全的出发点和根本目的是国民生活得更舒适、更方便、更自由、更有尊严，因而当传统的和现存的生活方式中存在影响这些目标实现的要素、当有更好的生活方式要素可以选择时，无论是在本国生长出来的还是由他国传来的，国民都可以改变原有的生活方式，以获得更好的生活方式。这是历史的进步，而不是对国家文化安全的破坏。当然，生活方式的变革应该是进步的、合理的、渐进的，既要符合时代要求，又不会引起社会动荡而危及国家安全。

三、保障国家文化安全

1. 文化的民族性、先进性、世界性与多样性的关系

文化安全的本质是文化特质的保持与延续。但是，当一种文化及其特质不

能满足甚至有害于新时代、新环境、新人类时，它便失去了继续存在的合理性，没有必要保持和延续。因而，文化安全是有条件的、相对的，而不是无条件的、绝对的。

真正有意义的文化安全工作，是推进和保障正在生长并具有进步性的新文化。这就产生了一个矛盾：文化的民族性与文化的先进性之间的矛盾关系。

在文化安全问题中，还存在如何认识和处理文化的民族性、先进性与文化的世界性、多样性的关系问题。因此，在认识到文化的民族性是文化安全的本质的同时，还必须认识到文化的多样性、世界性、先进性在文化安全中的不同地位与作用。

2. 文化的先进性是保障国家文化安全的关键

文化的民族性是国家文化安全的本质，但并不能说保障了文化的民族性就保障了文化安全。保障文化安全，不在于其文化是否具有民族性、多样性和世界性，关键在于其文化是否具有先进性，特别是先进文化的多少、地位、作用以及由此决定的整体文化的先进程度。文化的先进性是保障国家文化安全的关键。

在中国近代发生的文化争论中，有些人站在“国粹”的立场上，认为老祖宗留下的东西都是好的，排斥外来文化。这种守旧拒变的“国粹主义”，不仅不能保障国家的文化安全，还会把中国传统文化甚至整个中华民族推向危险的境地。与此同时，一些先进分子总结中国落后挨打的原因时，认识到了变革中国社会现实状况及传统文化的重要性，认识到要战胜列强，就必须向西方学习先进的科学技术、政治制度和思想文化。

国家文化安全并不等同于传统文化的安全。从表层来看，国家文化安全确实与民族传统文化的继承、现存文化的不受侵害具有各种不同形式的必然联系，与文化渗透、文化霸权直接对立。但是从本质上看，民族传统、价值观念、社会意识等文化形式，都是发展变化的，也受其他文化的深刻影响。当代在中国占主导地位的文化，不仅蕴含着中国土生土长的儒家传统文化，还体现着当今中国的经济基础，并且已经越来越多地包含了各种各样的西方近现代文化，特别是西方近现代科学技术和社会意识形态，其中占主导地位的是马克思主义。

虽然帝国主义和殖民主义者搞文化霸权和文化渗透时在主观上追求的是自身的利益，但是客观上起到了传播优秀文化和先进文化的作用。这就是近代以来发达国家对落后国家进行文化侵略，搞文化霸权和文化渗透的双重性。

对于文化侵略，我们要时刻保持清醒的头脑。对于国家文化安全来说，更重要的是科学地认识和理性地面对文化渗透、文化霸权、文化侵略。我们反对残酷野蛮的侵略，反对恃强凌弱的霸权，反对包藏祸心的渗透，但是不应拒绝优秀文化和先进文化。

因此，维护国家文化安全并不是维护传统文化和现存文化的纯洁性，也不是拒绝外来文化的影响和渗透，而是保障和促进传统和现存的民族文化沿着先进性的方向发展。一个国家只有在与其他民族，特别是发达国家的文化交流中，在不断吸收世界先进文化并改造本民族文化以保持自身文化具有一定程度的先进性的基础上，才可能真正维护自身的文化安全。一定程度上保持文化的先进性，是保障国家文化安全的关键。

附：

文化安全理论要点（中英对照）

国家文化安全问题，是如何处理各个国家具有差异性和多样性的文化与本国具有特殊性的文化的关系问题，是如何在世界各国差异性和多样性文化中保持本国文化的特殊性或文化特质的问题。

National cultural security is a matter of dealing with the relationship between the different and diverse cultures of different countries and the particular native culture, and preserving the particularity and cultural traits of native culture among various cultures of different countries.

国家文化安全的本质就是在文化的差异与冲突中保持与延续一个国家的文化特质，主要包括：

1. 语言文字安全。这是指一个国家使用自己固有的语言与文字的权利不受外部因素特别是外部强权的威胁和侵害。

2. 风俗习惯安全。这是一个国家和平时期安全稳定的重要社会基础，更是一个国家战败投降之后以期复国振兴的最后资本；任何一个国家的风俗习惯都会随着历史发展和社会进步而不断变革。

3. 国家价值观念安全。这是一个国家传统的和现存的价值观念在当代社会和广大国民中合理而有效地得以保持与延续，而不至于中断与消失；在强调保持一个国家基本价值观念的连续性的同时，又不能否认价值观念与时俱进发展变化的必然性和必要性。

4. 生活方式安全。生活方式是指人们在一定社会条件和环境下形成的涉及物质与精神、经济与政治、个人与社会等领域的言行模式；生活方式安全的出发点和根本目的是国民生活得更舒适、更方便、更自由、更有尊严；生活方式的变革既要符合时代要求，又不应引起社会动荡而危及国家安全。

Cultural security is, in essence, to keep the cultural traits of a nation consistent and continued in the face of cultural differences and conflicts. It involves:

1. Language security. It refers to the right of a country to use its inherent language and characters without being threatened or damaged by external factors, especially hegemonic power.

2. Security of social customs and habits. Social customs and habits, which change in response to social development and progress, not only lay a significant social foundation for a country's security and stability in peacetime, but also act as its last capital to be used for rejuvenation after its surrendering in wartime.

3. Security of national values. The objective of security of national values is to keep a country's traditional and existing values properly and effectively maintained and continued in contemporary society and in the minds of its citizens without interruption and disappearance; and to ensure the inevitable and necessary fact that its values develop with the times should not be denied though it is emphasized that the basic values are to be continued.

4. Lifestyle security. Lifestyles that are relevant to a country's security refer to people's behavioral patterns formed under certain social conditions and circumstances,

involving material and spiritual, political and economic, and personal and social fields. The initial purpose and the fundamental aim of lifestyle security are both to make people's lives more comfortable, more convenient, more free and more dignified. As a result, lifestyle changes should be made to meet the demands of the times on the premise that no social chaos are thus brought about to put national security in danger.

保障国家文化安全，首先，在认识到文化的民族性是文化安全的本质的同时，还必须认识到文化的多样性、世界性、先进性在文化安全中的不同地位与作用。其次，文化的先进性是保障国家文化安全的关键，维护国家文化安全能够保障和促进传统和现存的民族文化沿着先进性的方向发展。

To keep its national culture safe, China should, in the first place, be aware that the national traits of a culture are essential to cultural security, and that cultural diversity, cosmopolitanity, and advancedness also play important though different roles in keeping a country culturally safe. Furthermore, China should recognize that cultural advancedness acts as the key to ensuring cultural security, which in turn comes as the guarantee for traditional and existing national cultures to develop in an advanced way.

第三节 热门电影赏析

《降临》这部科幻片改编自华裔科幻作家特德·姜的小说《你一生的故事》，讲述了 12 个神秘的外星飞船降临在地球上时所发生的故事。尽管影片属于外星人入侵题材，但非常注重刻画人类的反应而不是来自另一个世界的生物。故事与其说是讲述地球人与外星人的文化差异，不如说是讲述地球上不同国家之间的文化差异。其中最妙的是对外星人语言的设计——外星生物“七肢桶”所使用的那种含义丰富的可视化语言非常有想象力，借用东方水墨风格，体现了契合东方智慧的周而复始的哲学思想。

一、剧照欣赏

二、剧情介绍

某天，在世界各地上空突然同时出现了12架形似贝壳的不明飞行物。飞行物内的外星生命“七肢桶”似乎想要向地球人传递某种讯息，但人类却难以了解其中的含义。为了攻克难题，各国纷纷派遣各个领域的专家前去与“七肢桶”交涉，以期破解这些外星生物的真正来意。

语言学家露易丝与物理学家伊恩是美国派去与“七肢桶”交流的小组成员。在和“七肢桶”有过几次接触并大量采集语言样本之后，露易丝发现“七肢桶”所使用的是一种与人类语言思维截然不同的环形文字，然而对于它们到访地球的目的，人类却依然不得而知。此时，逐渐失去耐心的各国为了掌握主动权，决定对这些外星生物发起攻击，美国也决定解散由露易丝等人组成的专家小组，放弃研究。然而，就在大战一触即发的关键时刻，露易丝突然顿悟了“七肢桶”语言中隐藏的奥秘，并最终用她的智慧化解了这场危机。

三、热点影评

为了提高大家批判性思考的能力，我们为大家提供不同角度的影评，大家可以在阅读之余，形成自己的观点。

1. 正面影评

《降临》是一部极具创意的电影，无论是它所选择的外星人题材，还是从语言文字和哲理性思考的角度所展开的讨论，都充满新意，是近年来难得的有趣作品。

在情节安排上，导演丹尼斯非常擅长把握故事节奏，知道如何掌控电影的张力。因此，这部电影虽然属于科幻题材，但并没有将拍摄和制作的重点放在描绘外星生物和宇宙飞船等事物的奇异之上，而是尽可能少地使用计算机生成图像技术制作特效，并把主要精力集中在刻画故事、角色、表演以及角色在心理与情绪上的冲突与起伏等，真正做到了内容大于形式。

在叙事技巧上，影片同时采用了倒叙和插叙，不仅突破了老套的历时线性叙事模式，还使共时非线性叙事模式与影片中描绘的“七肢桶”所使用的环形文字在思路上保持了一致，使整个观影过程充满了探索的乐趣。

网友评论节摘：

网友1：

在《降临》中，没有动作戏，没有爆破场面，有的只是出色的表演与出色的导演技巧。影片全程没有一个时刻让我感到无聊。

网友2：

这部电影能教会我们很多东西，比如，关于我们如何认识，又如何受制于“时间”，关于生命与死亡，关于无条件的爱，关于相信自己。

2. 负面影评

对于不喜欢这部影片的观众来说，它最大的问题首先便是节奏过于缓慢。不少人都觉得电影没有出现期待中的大场面或者非常扣人心弦的矛盾冲突，叙事过于平淡，人物也比较平面化，难以吸引人。

其次，也有观众对电影中构建的理论逻辑产生质疑。影片从语言学的角度演绎了露易丝破译“七肢桶”语言的过程，然而正如一位网友举例说明的那样，如果至今我们花了500年仍然未能解开伏尼契手稿中的文字之谜，那我们怎么可能只花一个月的时间就能够洞悉外星人的语言系统呢？这是完全不能令人信服的。

最后，还有观众认为影片只是披着哲理的外衣，讲述的却依旧是一个老套的个人英雄主义的故事。所有的冲突矛盾，都能够被女主人公轻松化解，而且一定是凭她一人之力而力挽狂澜。这种一个英雄独自拯救全世界的戏码，对于观众来说似乎已经没有太大的吸引力了。

第四节　电影分析与思考

影片《降临》呈现的是地球人与外星生物一次非比寻常的对话。

露易丝·班克斯是一名语言学家。有一天，一则突如其来的新闻打乱了她一向平静的教学科研生活。新闻报道称，在全球各地上空一共出现了12架形状类似贝壳的不明飞行物。因为不能确定这些飞行物中生灵的来意，各国都如临大敌，纷纷派遣军队准备应战。普通民众们也都人心惶惶，大肆抢购汽油、食物、淡水等基础物资。正在这时，陆军上校韦伯代表美国政府前来委托露易丝和理论物理学家伊恩·唐纳利，希望他们能用自己的学术专长尝试与飞船上的外星来客进行沟通，摸清它们此次到访地球的真正目的。

“贝壳”是一个能够悬停在地表上方的巨大飞行器，每隔18小时会自动打开舱门，允许地球人进入与飞船内的外星生物“七肢桶”进行对话。通过与“七肢桶”的接触，露易丝发现它们所使用的是一种奇特的环形文字，通过几次交谈，她收集了大量的环形文字样本，并逐步解析出其中的含义。但同世界各地与其他 11 架“贝壳”进行沟通的专家们一样，露易丝依然没能弄明白这些外星生物的真正来意。出于巨大的危机感，各国纷纷开始失去耐心，于是其他国家决定对这些外星生物发动战争，此时美国也决定将露易丝等研究人员全部撤离。

然而，就在战争一触即发的关键时刻，露易丝突然理解了“七肢桶”到访地球的真正目的。它们并非要挑起战争，而是要将自己的语言作为礼物赠予人类，因为环形文字是一种能够打破时间线性结构而使人预知未来的语言；同时它们请求人类在 3000 年后帮助它们摆脱危机。此时，已经掌握了环形文字所有奥秘的露易丝也具备了预知未来的能力，她大胆地主动联系外国军方领导人，说服他取消了作战计划，阻止了这场无谓的战争，也促使世界各国在危机过后彼此建立了信任，结成联盟。

国家文化安全问题，是指如何处理各个国家具有差异性和多样性的文化与本国具有特殊性的文化的关系问题，也是如何在世界各国差异性和多样性文化中保持本国文化特殊性或文化特质的问题。电影《降临》虽然是一部科幻题材的作品，但在影片中，外星生物与地球人之间的交流同样可以被看作是不同国家或民族之间文化交流的隐喻，他们所遇到的交流障碍以及外星生物对地球人在语言与思维上的改变都为我们带来了启示，使我们在观看影片的同时，可以对文化安全问题作出进一步的思考。

首先，语言文字的安全在文化安全中尤为重要。一方面，语言文字是文化和文明的载体，也是文化和文明最基本、最稳定、最持久的构成部分。正如影片里露易丝在其语言学论文中所写道的，“语言是文明的基石，是凝聚一个民族的黏合剂，它是冲突发生时的第一件武器”。影片中有一段情节对这一点作出了很好的诠释。当地球人与“七肢桶”进行对话时，人们一直困惑它们反复写出的“武器”一词究竟指什么，后来露易丝突然意识到这在“七肢桶”的语言中是个多义词，所谓的“武器”实际上还可以指“语言”。将“语言”和“武器”这两项释义纳入同一个词之中，正说明了语言文字对于一个民族的文化安全是何等重要。另一方面，语言文字也是一个国家或民族思维方式的外在体现。人类的语言是线性的，这反映出我们的思维也是具有时序性的，而影片中所描绘的环形文字则完全不同。它是一种非线性文字，能够完全打破时间顺序的束缚，因而“七肢桶”的语言和思维能超越过去、现在与未来等时间概念的限制，所有事情的开端、经过与结局在它们的思维中是同时出现的。当“七肢桶”不断地向露易丝输出自己的语言时，露易丝原本的语言和思维模式便开始被慢慢改变，最终她因为完全理解了环形文字的含义而具备了与“七肢桶”一样能够预知未来的能力，思维方式发生了极大的变化。虽然这些情节纯属虚构，但通过语言来使人们的思维模式发生改变却是一个真实可信的过程，因此，保护语言文字的安全是我们维护文化安全的第一道重要关卡。

其次，要重视文化的多样性与世界性。文化的多样性在影片中体现为露易丝用英语与“七肢桶”进行交流，而中国的专家们则选择使用麻将牌的牌局来与“七肢桶”对话，显示出各国文化有其自身的特点。同时，文化也是需要交流的，排斥文化交流的政策只会让一个国家和民族的文化失去活力与竞争力。影片给我们带来启示的一个重要情节是一共有 12 架“贝壳”降临地球，而这 12 架“贝壳”所携带的信息各不相同。一开始，各国都对各自获取的“贝壳”信息守口如瓶，不愿共享，因而彼此产生误会、猜忌，甚至完全曲解了外星生物的真实来意。后来在露易丝等人的努力下，各个国家终于打破壁垒，彼此建立信任，共享信息，这才真正化解了此次危机。这一情节无疑具有很深的寓意，它暗示着在文化交流不畅、信息不对称的情况下，各国以及各民族之间往往可能产生误解，引发负面后果，因此，注重文化的世界性，积极进行文化沟通与交流，才是维持文化良性发展和维护文化安全的正确方向。

最后，保持文化的先进性更是保障国家文化安全的关键。影片中，在露易丝与韦伯上校谈话时提到了历史上库克船长占领澳大利亚大陆的故事，韦伯上校提醒露易丝别忘了当初澳大利亚的土著人是如何被外来的白人几乎赶尽杀绝的，言下之意是说拥有先进文化的民族往往能够在竞争中掌握主动权，从而统治其他民族，而现在受到外星生物威胁的地球人，就好比当年白人眼中的土著人，稍一大意就会面临被侵略甚至被毁灭的危险。虽然影片中的这一情节只有几句台词，但非常敏锐地凸显了先进性在文化安全中的重要作用。一个国家只有不断学习先进的文化与技术，才能在文化竞争中成为佼佼者，从而保障国家的文化安全。

第七章

社会安全

SOCIAL SECURITY

第一节　你身边的威胁

社会安全是指与政治相对脱离、相对独立的民间社会的安全。许多社会安全问题都是以社会矛盾为显著特征的，是影响整个国家安全的重要因素，应当引起我们的高度重视。

社会安全关乎每一个生活在社会之中的个体，所以每天我们身边都发生着很多与社会安全密切相关的事件，这些事件也随时会影响我们的生活。

新闻概要

一、国内议题

1. 我们村的城墙、城门、城壕……

山西省临猗县申村是一座小村庄。大约在20世纪六七十年代，这座村庄只有100来户人家，600多口人。虽然村庄不大，但世代被人们称为“城”，并且由“城”发展而来的“城墙”“城门”“城门洞”“城壕”等一系列概念在村落的建设中一应俱全，甚至连村北的一处无人看管的荒地，也因“城”的说法而被村民称为“城后”。

“城”的一项基本功能就是保障人的安全，因而村里的“城墙”，保护的就是村庄和村里人的安全。虽然申村这座“城”很小，但它不仅承载着村落的文化传统与村中居民的生活印记，更护佑着一方水土与一方人。[①]

① 参见刘跃进:《我们村的城墙、城门、城壕及其他》,《运城日报》2019年2月21日。

2. 完善监护制度　为儿童权利兜底

2019年6月29日，上市公司新城控股董事长王振华在上海大渡河路一家五星级酒店因猥亵一名9岁女童，在上海被采取强制措施。

2019年7月14日，淳安县9岁女孩章某某被家中两名租客带走，浙江杭州警方随后发布警情通报，称该女童的遗体在宁波象山石浦海域海面上被发现，令关注女孩命运的无数网民痛心难受，唏嘘不已。

类似案件频发，使得未成年人的安全问题引起社会的极大关注，也反映出我国在对未成年人监护方面的漏洞不容忽视。

虽然我国已经构建了儿童保护的基本制度框架，《义务教育法》《未成年人保护法》《预防未成年人犯罪法》等法律对督促和帮助父母履行监护职责作出了一些规定，然而，目前这些法律法规不仅分散，而且对措施的实施主体、程序等都缺乏具体明确的规定。因此，需要构建系统完善的国家监护制度，同时也应呼唤已经启动七年之久的“儿童福利条例”尽快出台，填补儿童福利的立法空缺。①

二、国际议题

1. 日本二十年来最严重的惨案，36人丧生

2019年7月18日，日本京都动画工作室突然遭遇纵火袭击。该事件共造成36人死亡、33人受伤，在全世界范围的动漫迷中引发巨大震动。

7月18日10时30分，日本京都动画工作室突然出现爆炸声，随之大火从其第一工作室燃起，浓浓的烟雾很快便从这座四层楼高的建筑物中冒出来，消防员花了四个小时才控制住火势。事故最终导致京都动画工作室从一层到三层被完全烧毁，共造成36人死亡、33人受伤。

① 参见王阳：《完善监护制度为儿童权利兜底》，《法制日报》2019年7月30日。

此次事件被判定为人为纵火，这是自 2001 年造成 44 人丧生的东京纵火案发生以来，日本出现的最为严重的一次惨案，死亡人数甚至远超 1995 年死于东京地铁沙林毒气袭击的人数。

京都动画的首席执行官称，该公司曾收到过死亡威胁邮件，而纵火嫌疑人曾在案发现场指责该动画公司涉嫌剽窃自己的作品，但其确切的作案动机仍有待调查。

成立于 1981 年的京都动画以其知名度而著称，其制作的高质量作品在全世界拥有很多动漫迷。此次袭击不仅造成人员伤亡，还损毁了大量的动画稿件。为表示追思，动漫迷和哀悼者们从 7 月 19 日开始陆续到访该工作室，并献花以向在大火中丧生的人们致敬。①

2. 加泰罗尼亚爆发最大规模抗议活动，警方迅速强势清场

2019 年 10 月 18 日，西班牙加泰罗尼亚地区示威者举行了数日来规模最大的罢工活动，当天逾 50 万人出现在巴塞罗那市街头，警方随即迅速采取行动。

事件起因是 2019 年 10 月 14 日，9 名西班牙加泰罗尼亚分离主义领导人被判重刑，随后，巴塞罗那的局势便一直动荡不安。10 月 18 日当天，至少有 52.5 万人出现在巴塞罗那市中心，他们的口号包括“独立”“街道将属于我们”“政治犯自由”等，并有暴力示威者放火点燃垃圾箱、设置路障，还有人向警察投掷石块等异物。警方则竭力控制局面，向示威者发射橡皮子弹与催泪弹，并部署水炮。当地警方非常强势，清场不用下车，并迅速围绕广场射击。

10 月 14 日至 19 日，已有 207 名警察在暴乱中受伤，107 辆警车受损，800 个垃圾箱被烧毁；巴塞罗那著名旅游景点波盖利亚市场的大部分摊位无法营业；里西奥歌剧院取消演出；巴塞罗那机场也有约 150 架次航班被迫取消。②

① 参见 Junko Ogura，Helen Regan and Yoko Wakatsuki，“Kyoto Animation Arson Suspect Told Police His Work Had Been Plagiarized”，2019 年 7 月 19日，见https://edition.cnn.com/2019/07/19/asia/kyoto-animation-fire-investigation- intl-hnk/index.html.

② 参见温家越：《加泰罗尼亚 18 日爆发 5 日来最大规模抗议活动，警方迅速强势清场》，《环球时报》2019 年 10 月 19 日。

第二节 社会安全理论

社会安全既是国家安全体系的构成要素之一，又是保障整个国家安全的重要条件之一。要维护社会安全，需要从根本上缓解社会矛盾和社会压力，为社会安全提供可靠的制度保障。

一、社会安全的含义

社会安全是与经济安全、政治安全、文化安全等相对而言的，其中的“社会”不是广义的社会，而是狭义的社会，是区别于且排除了政治、军事、文化、科技等社会现象的狭义“社会”。

社会安全，就是与政治相对脱离、相对独立的民间社会的安全，是民间社会不受威胁和侵害的客观状态，是相对比较纯粹的民间社会的安全。

社会安全既是国家安全体系的构成要素之一，又是保障整个国家安全的重要条件之一。

当前国内存在的以社会矛盾为显著特征的各种社会安全问题，是影响社会安全及整个国家安全的重要因素，必须高度重视。

二、社会安全的主要内容

社会安全包括居民安全、民宅安全、族群安全、城镇安全、乡村安全、街巷安全、社区安全、校区安全、市场安全等。每一个构成要素又可以划分为若干构成要素，如居民安全就可分为居民的人身安全、财产安全、名誉安全等，而居民的人身安全还可以继续划分为居民的饮食安全、医疗安全、家居安全、出行安全、游乐安全、穿戴安全等。

在社会安全构成要素中，居民安全是第一要素和核心要素。无论什么时候、什么情况下，人都处于首要与核心地位；无论什么社会活动，都必须以人为核心和目的。

改革开放以来，我国的经济和社会都有了长足发展，与此同时，社会矛盾日益突出和复杂，社会冲突不断，层出不穷的各类社会事件越来越严重地威胁社会的和谐稳定以及国家安全，从而使我国进入一个社会矛盾凸显的特殊历史时期。各种人民内部矛盾和社会矛盾已经成为影响社会稳定的突出且棘手的问题。

当前我国的各种社会矛盾表现为暴力恐怖事件、群体性事件、黄赌毒问题、强征强拆、医患纠纷、冤假错案、贫富悬殊、黑恶势力以及腐败问题等。

引起这些矛盾的原因很多，而根本原因就是公平正义的缺失，具体原因则是征地、拆迁、付薪、就业、医疗、教育、司法等过程或领域中的不公不义，以及社会管理的相对滞后。

三、保障我国社会安全

要从根本上解决社会安全问题，铲除滋生社会安全问题的土壤，必须以公平正义为基准深化各方面改革，为公平正义的实现提供各方面的制度保障，使全体公民特别是下层人民获得公正待遇。加快社会事业改革，解决好人民最关心最直接最现实的利益问题，努力为社会提供多样化服务，更好地满足人民需求。只有从体制机制上解决问题，才能从根本上打破利益集团对财富和权力的垄断，从根本上缓解社会矛盾和社会压力，为社会安全提供可靠的制度保障。

要保障社会安全，必须深入反腐。腐败不除，国无宁日，民无宁日。要从社会安全的角度解决公平正义问题，必须进一步加大反腐力度，把贪污腐败的嚣张气焰彻底打下去。在从制度上解决公平正义的过程中，继续坚持反腐倡廉是社会转型期稳定民心和安定社会的一项重要措施。

要解决社会安全问题，还必须加强社会治理。社会治理要坚持系统治理、依法治理、综合治理、源头治理。要坚持辩证法，处理好活力和秩序的关系，全面看待社会稳定形势，准确把握维护社会稳定工作。在具体工作中，不能简单依靠打压管控、硬性维稳，而要重视疏导化解、柔性维稳，注重动员组织社会力量共同参与，发动全社会一起做好维护社会稳定工作。

社会治理还需要进行创新。社会治理创新必须落实到目标创新、观念创新、方法创新、机制创新等方面。从目标上看，需要把以往以维护社会稳定为重要目标的社会治安工作，转变为以确立社会公平正义为根本目标的社会管理工作，同时把公平正义放在与发展速度同等重要甚至比发展速度更重要的位置上。从观念上看，需要在管理中确立以人为本、以民为本的观念。从方法上看，必须重视管理的科学性、民主性，把科学管理特别是民主管理作为社会管理的根本方法，同时还要注意人性管理、软性管理、绿色管理。从机制上看，既要注意管理的硬件建设，又要注意管理的软件建设，使社会管理越来越能从政府的外部管理变成民众的内部自我管理。

具体来说，社会治理应做好以下四个方面。

第一，切实维护公共安全。深入推进社会治安综合治理，完善立体化社会治安综合治理体系。依法严厉打击各类严重刑事犯罪。完善社会治安防控运行机制。健全社会动态防控机制。加强重点行业和重点群体治安防控网建设。对突出问题，如黄赌毒现象、黑社会性质组织犯罪等要及时开展专项斗争。对危害食品药品安全、环境污染等重点问题，对严重精神障碍患者、扬言报复社会的极端人员等重点人群，对枪支弹药、易燃易爆等重点物品，要强化治理和管理。大力加强安全生产管理工作，预防和减少事故发生。

第二，深入开展反恐怖斗争。增强反恐意识，提升反恐情报能力，加大防控巡逻力度，建立反恐社会参与机制，全面深化反恐国际合作。

第三，有效预防和妥善处置群体性事件。加强矛盾纠纷源头防范。坚持依法处置。加强舆论引导。

第四，切实维护网络社会安全。建立健全网络社会事件应对机制。严厉打击网络违法犯罪活动。推进网络社会法治化治理。

附：

社会安全理论要点（中英对照）

社会安全就是与政治相对脱离、相对独立的民间社会的安全，是民间社会的不受威胁和侵害的客观状态。当前国内存在的以社会矛盾为显著特征的各种社会安全问题，是影响社会安全及整个国家安全的重要因素，必须高度重视。

Social security refers to the security of civil society, which is relatively separated and independent from politics. It is an objective state in which civil society is free from threats or disruptions. At present, China is facing various social security issues with social contradictions as the most prominent feature. It should attach great importance to these issues since they can have crucial influences on social security and even national security.

社会安全包括居民安全、民宅安全、族群安全、城镇安全、乡村安全、街巷安全、社区安全、校区安全、市场安全等，其中居民安全是第一要素和核心要素。当前我国的各种社会矛盾表现为暴力恐怖事件、群体性事件、黄赌毒问题、上访截访、强征强拆、医患纠纷、冤假错案、贫富悬殊、黑恶势力以及腐败问题等。引起这些矛盾的原因很多，根本原因就是公平正义的缺失，具体原因则是征地、拆迁、付薪、就业、医疗、教育、司法等过程或领域中的不公不义，以及社会管理的相对滞后。

Social security consists of the safety of citizens, residences, ethnic groups, cities and towns, rural society, streets, communities, campus, and of markets, etc., among which citizen security is the primary and core element. For now, the most prominent conflicts in China are manifested as violent terrorist attacks, mass disturbances, issues of pornography, gambling, and drug abuse, interception of petitions, forced demolitions and evictions, patient-doctor disputes, wrongful convictions, economic inequality, gangdom organization, corruption and so on. Specifically, the conflicts are the result of the unfairness and injustice in land acquisition, house demolition and relocation, salary, employment, medical treatment, education and justice, and also the result of the poor social administration.

要从根本上解决社会安全问题，铲除滋生社会安全问题的土壤，必须以公平正义为基准深化各方面改革，为公平正义的实现提供各方面的制度保障。要加快社会事业改革，解决好人民最关心最直接最现实的利益问题。要从体制机制上解决问题，从根本上打破利益集团对财富和权力的垄断，从根本上缓解社会矛盾和社会压力，为社会安全提供可靠的制度保障。要保障社会安全，必须深入反腐。要解决社会安全问题，还必须加强社会治理。社会治理需要进行创新，创新必须落实到目标创新、观念创新、方法创新、机制创新等方面，做到切实维护公共安全；深入开展反恐怖斗争；有效预防和妥善处置群体性事件；切实维护网络社会安全。

To solve social security problems root and branch, and sterilize the soil that breeds them, we must deepen reforms in all areas on the basis of fairness and justice, and strengthen institutional guarantees in all aspects to achieve it. We should speed up the reform of social undertakings and resolve the most pressing, most immediate issues that concern the people the most. To this end, we need to step up institution building, and fundamentally break interest groups' monopolies on wealth and power, so that social contradictions are reduced at root, social pressures fundamentally relieved, and social security institutionally guaranteed. To safeguard social security, we need to continue with the efforts to combat corruption. The resolution of social security problems also requires more effective social governance supported by innovation which are practiced in terms of target, concept, method and mechanism. We need to take resolute measures to safeguard public security, disrupt terrorist attacks, effectively prevent and properly handle mass incidents, and protect the security of the cyber world.

第三节 热门电影赏析

《无名之辈》这部电影围绕一把丢失的猎枪，讲述了在一对低配版的劫匪、一个落魄的保安、一个身体残疾却性格彪悍的毒舌女，这些所谓“无名之辈”身上发生的一系列荒诞故事。剧中人所经历的残酷现实逆境，提醒我们以社会矛盾为显著特征的各种社会安全问题依然存在，它们是影响社会安全及整个国家安全的重要因素，必须引起高度重视。

一、剧照欣赏

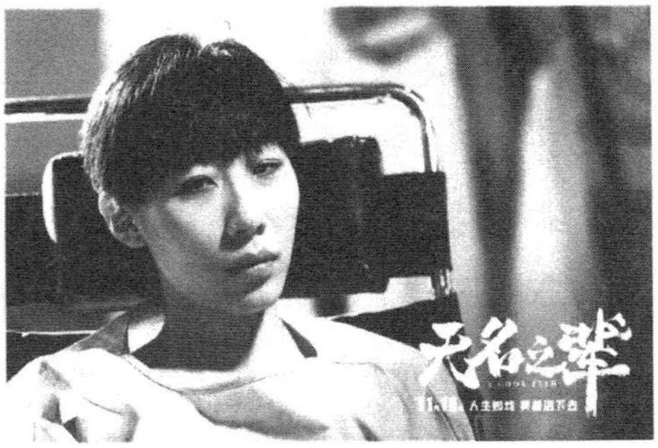

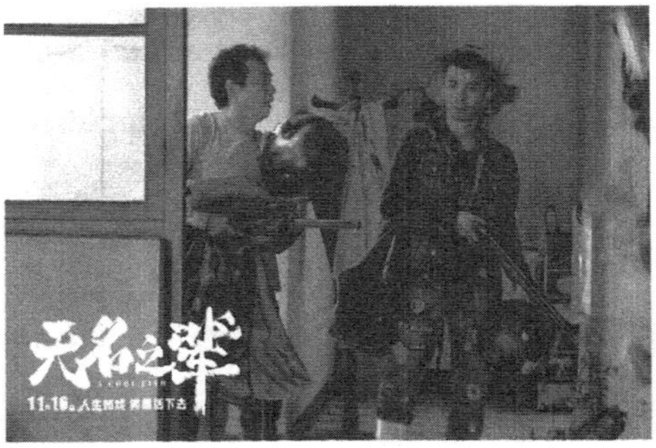

二、剧情介绍

在一座不大的山城中，“眼镜”和“大头”两个笨贼，闯入一家手机店犯下轰动全城的乌龙劫案；马嘉旗，一名因多年高位截瘫而心情抑郁的女子，因为两名笨贼闯入家中而恶语相向；马先勇，一位落魄的保安，由于意外发现一把土猎枪，一心想要把枪交给警方立功，从而希望加入协警的队伍；高明，一位地产老板，因欠下巨额债务逃亡在外，却被追债人不断骚扰，整日不得安宁……

这样一群原本生活在各自世界中的小人物，阴差阳错地在人生轨迹的安排下汇聚到一起，共同上演了一场人生大戏。

三、热点影评

为了提高大家批判性的思考能力，我们为大家提供不同角度的影评，大家可以在阅读之余，形成自己的观点。

1. 正面影评

《无名之辈》是近年来中国电影市场上的一匹黑马。导演饶晓志用独特的巧思，以社会各个阶层的“无名之辈”为材料，打造了一面映照当下社会现实的镜子，讽刺地书写了一出令人深思的荒诞喜剧。

就叙事结构而言，该片前三分之二的部分采用多条支线情节平行发展的模式，讲述着几个看似并无关联的故事，而影片的最后部分则将这些支线情节汇聚为一条主线，使戏剧冲突集中爆发。这样的叙事技巧，能够有效制造悬念，并从多维视角将观众带入剧情，而不是从某一个角色的视角出发去讲述相对主观单一的故事。

就人物塑造而言，该片也避免了角色概念化、平面化的缺陷，而是对剧中人物都有相对立体的刻画。比如，对追查真相抱有执念的保安却总是喜欢用暴力解决问题，审问疑犯如此，教育女儿亦然；而砸抢手机店的劫匪也有善良的一面，帮助瘫痪女子完成心愿也好，重新赋予她生活的希望也罢，各处细节都流露出人间温情。

正像许多观众评论的那样，喜剧的内核往往是悲剧。一出能真正打动观众的喜剧，一定在其幽默的外衣之下，蕴含着发人沉思的深刻主题。《无名之辈》正是如此。

网友评论节摘：

网友 1：

如果你想看一部具有娱乐性的喜剧电影，但同时又想在片尾处收获一些深刻的思想，那么你一定会喜欢这部充满活力的电影。

网友 2：

片中的每一个角色都很搞笑，但面对他们，我却笑不出来，相反，我对他们只有深深的同情。

2. 负面影评

该片也存在一些被观众诟病的地方。

首先，一些观众认为影片支线情节过多。为了在结尾迎来大的戏剧冲突，影片的前半部分刻意将情节分散在几个小故事中，一定程度上会令观众感到困惑，难以抓住故事的主线。

其次，不少观众感觉片尾所有人物和矛盾的大聚集过于巧合，人为雕琢的痕迹过重，导致情节缺乏可信度，使影片的现实意义打了折扣。

最后，在时间和剧情的安排上，也有观众认为结局部分明显拖沓，使得整部电影给人一种虎头蛇尾的感觉，后劲不足。因而有观众建议，结尾那场戏如果能够通过剪辑缩短 15 分钟，全片的效果或许会好很多。

网友评论节摘：

编剧与剪辑的功力明显不足，巧合太多，情节缺乏可信度。

第四节　电影分析与思考

电影《无名之辈》的背景设置在我国南方的一座山城，叙述了发生在一天之内错综复杂的悬疑荒诞故事。

第一条主线讲述了来自乡村的两名劫匪——“眼镜”与“大头”，因为想要扬名立万、一夜暴富，计划抢劫一家手机店，不料抢来的竟全是手机模型，而两人在躲避警察的追捕时，偶然闯进了一名瘫痪女子马嘉旗的家里。看到“眼镜”手中有枪，一直有轻生念头的马嘉旗想尽一切办法激怒对方，只求速死，然而双方却在彼此都深陷困境的情境之下，意外萌生出了一丝相互依存的温情。

第二条主线讲述的是地产商高明由于资金链断裂欠下债务，当他准备带着情妇跑路时，听说讨债者刘五正在以大肆举办葬礼的方式逼自己现身。为了直面自己应当承担的责任，同时也为了儿子的安全，高明毅然决定放弃逃跑的计划，回去与刘五正面解决问题。

第三条主线则从高明公司保安马先勇的视角展开。马先勇曾是立功无数的协警，可就在即将转正之际，因为酒后驾车酿成惨剧，妻子丧命，妹妹马嘉旗高位截瘫，原本光明的未来瞬间化为泡影。为了能够立功重新回到警队，当他打算将不久前挖到的一把土猎枪交给警局时，却发现猎枪被掉包成了水枪，而此时新闻报道说抢劫手机店的嫌犯持有猎枪，这让马先勇更加不顾一切地追查猎枪的下落。

影片结尾处，三条线索中的人物都汇集到了城镇的集市上。最终，高明与刘五等人的群殴冲突被警方平息，丢失的猎枪被找到，马先勇与女儿达成和解，而“眼镜”与“大头”也因抢劫和持枪被警方逮捕。

本片采用荒诞喜剧的风格，同时展开几条看似不相关的叙事线，然而又在最终将所有人物与事件汇聚到一起，如拼图般描绘出一幅我国当下社会的现实图景，而这幅图景恰恰反映了诸多与我们生活密切相关的社会安全问题。社会安全是指与政治相对脱离、相对独立的民间社会的安全，是民间社会不受威胁和侵害的客观状态。它既是国家安全体系的构成要素之一，也是保障整个国家安全的重要条件之一。在诸多社会安全构成要素中，居民安全是第一要素和核心要素。这部影片取名“无名之辈”，而这些“无名”的小人物正是我国居民的典型代表，他们在日常生活中面临的种种困境也正是我国社会安全问题的现实写照。

自改革开放以来，我国经济快速发展，人们的物质生活水平也有了大幅提高，与此同时，各类日益凸显的复杂社会矛盾也成为影响社会稳定的突出因素。影片中的诸多情节所揭露出的威胁社会安全的要素，主要可归结为以下三点：

第一，持枪抢劫严重威胁城镇安全。笨贼“眼镜”和“大头”用头盔掩面，持枪到手机店实施抢劫，在店员与顾客惊慌失措的时候，放空枪、砸柜台。虽然他们最终抢走的是店里的手机模型，但这一系列行为依然涉嫌威胁店员的生命安全，侵害他人的财产安全。同时，由于他们的抢劫行动在城镇中引起了恐慌，因此也严重威胁了城镇安全。

第二，私闯民宅严重威胁居民安全、民宅安全、社区安全等。两名劫匪在逃避警察追捕的过程中，擅自破窗而入，闯进没有任何行动能力和防卫能力的马嘉旗家中，还屡次用枪抵住马嘉旗的头以示恐吓，这显然威胁了居民安全、民宅安全以及社区安全。

第三，聚众斗殴严重威胁街巷安全、居民的人身安全等。刘五等人在向高明讨债的过程中，一边以闹剧的方式大肆举办葬礼，严重扰民；一边又把高明公司的保安马先勇捆绑之后装入麻袋，并高高吊起，随后又对马先勇拳打脚踢。虽然他们是为了讨还债务，但不通过正规的法律途径而以江湖做法逼对方还钱，明显带有黑恶势力的特征。而在影片结尾，刘五带着大批人马暴打高明及其儿子高翔，同时还与高翔的同学们聚众斗殴，这些行为都严重威胁了他人的人身安全，更为整个街巷甚至城镇带来了不安定因素。

那么影片触及的这些社会安全问题又是如何得到解决的呢？导演和编剧在突显法治力度的同时，也强化了道德的约束力量，以及亲情、友情对人们行为的正面引导作用，使三者成了解决社会安全问题的有效途径。当然，要从根本上解决社会安全问题，仍然要以公平正义为基准深化各方面改革，为公平正义的实现提供各方面的制度保障，使全体公民特别是底层人民获得公正待遇。

本片导演和编剧采取了网状叙事手法，利用多线并行的交叉情节编织出一张社会不同阶层的大网；同时，又选用了群像式结构的戏剧技巧来设定人物、充实细节，用数量众多、形色各异的小人物描摹出一幅民间生态的生动图景。本片虽然被定位为“荒诞喜剧”，但其实蕴含着导演强烈的现实主义关怀。观众在大笑之后往往又会陷入沉思，甚至不禁为剧中人物的命运变迁而动容。在喜剧的外壳下，我们看到的是一个仍有许多社会安全问题亟待解决的民间生态环境和底层小人物生活的艰辛，而那些“无名之辈”的困惑与挣扎就成了支撑本片的焦点。

影片的厚重感还来自导演对人性复杂的深度挖掘。比如，案件的施暴者，同时也可能是其他事件中弱势的一方，就像“大头”，虽然是手机店抢劫案的嫌犯，但他之前也饱受女友被他人欺侮的痛苦；又比如看似凶狠的恶人，内心也可能隐藏着柔软的一面，就像“眼镜”，虽然在抢劫时凶狠无比，但在与高位截瘫的马嘉旗相处的过程中，因为发现她有轻生的倾向，便想尽方法赋予她重新生活下去的勇气，尽显人性善良的一面。影片这样的处理手法，虽然不是为了从法治的角度弱化“眼镜”等人的犯罪动机，却在展现社会现实的时候，融入一丝柔情，使观众心中一暖。同样，电影对彩蛋部分的处理，也是在维护正义与法治的前提下，为故事画上了一个温和的句点，让观影的人们对未来的生活继续充满美好的期盼，也让我们在关注社会安全与诸多现实层面的问题时，依然保有面对生活与拥抱生活的热情。

第八章

国土安全

HOMELAND SECURITY

第一节 你身边的威胁

虽然我们正处于和平年代，但是我们不能忘记历史上中华民族曾经多次遭受过世界列强的侵略与瓜分，使得民不聊生，老百姓惨遭涂炭；同时，也不要忘记近年来有些敌对势力试图对我国不同地区进行分裂的事实。

每天，我们身边都发生着很多威胁国家国土安全的事件，而这些也随时会影响到我们个人的生活。

新闻概要

所罗门群岛弃台意味着什么

2019 年 9 月 16 日，所罗门群岛政府召开内阁会议，决定承认一个中国原则，同台湾“断交”并与中国大陆建交。这一举措出于所罗门群岛自身发展的考虑，也是新时代中国国际地位上升的必然，符合国际法和国际关系基本准则。

所罗门群岛此次弃台，让台湾民进党当局遭到上台以来的第六次“断交”打击。台湾地区相关部门负责人吴钊燮和台湾当局领导人蔡英文 16 日晚先后召开记者会，谰言中国大陆此举在于“打压台湾人的国际空间”。

而实际上，所罗门群岛决定承认一个中国原则，同台湾“断交”并与中国大陆建交，选择与支持联合国大会 2758 号决议的其他 178 个国家站到一起，是所罗门群岛向前迈出的正确而重要的一步，符合两国和两国人民的根本利益，顺应历史和时代发展的潮流。①

① 参见《所罗门群岛弃台意味着什么》,《人民日报》2019 年 9 月 18 日。

第二节　国土安全理论

国土安全是一个国家主权的核心体现，是总体国家安全观的重要一环。任何侵犯我国领陆、领水、领空的行为都不容姑息。同时，除了这些可见的领陆、领水、领空的安全，还要防范那些潜在的分裂我国主权的行为。

为了提升我们对威胁国土安全因素的认识水平，针对第一节中的报道，我们来详细学习国土安全的相关理论。

一、国家领土安全的含义

国家领土是指在一国主权支配下的地球的确定部分，是国家行使最高权力的空间。国家领土包括领陆、领水、领空以及领陆和领水的底土。

所谓领土安全，其内涵是指领土与领土主权不受侵犯和威胁，领土不被侵占、不被分裂、不被分割或兼并；其外延包括国际法规定的专属经济区和大陆架的自然资源所有权与管辖权不受侵犯和威胁。

领土安全是国家生存与发展的必要前提，是国家政治安全的一个重要标志，是国家经济发展的基本保障。

二、我国国土安全面临的挑战

经过多年努力，我国已成功解决绝大部分陆地领土主权争议，从战略上消除了周边的主要对抗因素。但是，随着我国进一步发展壮大，国土安全面临的形势较以往更为突出复杂。主要表现在以下四个方面。

1. 国土边境安全面临挑战

中印边境问题长期未能解决。我国与不丹的边界谈判仍在进行中。未来我国陆地边境地区仍然存在一定的潜在风险。我国周边海上安全形势面临较多挑战，与8个海上邻国都存在海洋争议。南海、东海、黄海方面，均存在争端。

2. “台独”分裂活动仍具现实威胁

“台独”势力不放弃分裂主张，仍在竭力煽动两岸敌意和对立，刻意阻挠破坏两岸关系发展，构成了两岸关系发展与和平统一的最大障碍。

3. 反分裂斗争形势依然错综复杂

我们必须认识到反分裂斗争的长期性、复杂性和尖锐性。“藏独”“东突”等民族分裂势力的暴力倾向进一步加剧，打着各种幌子骗取国际社会同情，实际上是要破坏国家统一和民族团结。

4. 国土安全舆论环境亟待改善

一些国家不能公正看待我国维护国土安全的有关政策、举措，主导国际话语权，频频制造不实的国际舆论。与我国存在领土或海洋权益争议的部分国家，也在制造不利于我国的舆情。我国必须努力增信释疑，增进国际社会特别是西方国家对我国立场和主张的理解，在涉及国土安全有关问题上营造客观友善的国际舆论环境。

三、维护我国国土安全的途径

维护国土安全是一项系统性、综合性工作，必须做好以下四个方面：

1. 提升维护国土安全能力

提升国力是维护国土安全的前提和保障。坚持以经济建设为中心，集中力量推进现代化建设，加强国防建设，才能有效遏制侵害我国国土安全的行为。坚持独立自主的和平外交政策，与各国友好往来，创造有利的外部环境，确保我国在解决领土争端时居于有利位置。

2. 加强国土安全体制机制建设

健全相关统筹和协调工作机制，有效整合资源，构建统一高效的保障体系。加强对国土安全现状的监测和对未来的预判，完善应急处置机制，妥善应对突发事件和紧急状态。加强队伍建设和理论研究，为国土安全工作提供力量和智力支撑。

3. 完善国土安全法律法规体系

要从法律上进一步明确维护国土安全的任务、原则、方式和手段，确保各项工作有法可依。在此过程中，要遵循国际法基本原则，借鉴其他国家的通行做法，使相关法律法规更好地与国际接轨。《反分裂国家法》和《国家安全法》都已成为维护国土安全的有力武器。

4. 加强国土安全宣传教育

加强国土安全宣传教育，对于提高国民的危机意识、开拓国民视野、坚定国民信念、提升国民认知、增强国民能力等，都具有重要意义。开展国土安全宣传教育，需要采用多种方法、手段，以多样的形式和丰富的载体进行，以生动的、喜闻乐见的方式使国土安全教育深入民心。

附：

国土安全理论要点（中英对照）

国家领土安全，其内涵是指领土与领土主权不受侵犯和威胁，领土不被侵占、不被分裂、不被分割或兼并；其外延包括国际法规定的专属经济区和大陆架的自然资源所有权与管辖权不受侵犯和威胁。领土安全是国家生存与发展的必要前提，是国家政治安全的一个重要标志，是国家经济发展的基本保障。

The connotation of homeland security is that its territory and territorial sovereignty is free from threats or disruptions, and specifically its territory is protected from being grabbed, plundered, split, separated or annexed. The extension means that its ownership of and jurisdiction over natural resources in the exclusive economic zones and continental shelves recognized by international laws are safeguarded against threats or disruptions. Homeland security is the premise for a nation's survival and development, an important symbol of its political security and a guarantee for its national economic development.

随着我国进一步发展壮大，国土安全面临的形势较以往更为突出复杂，面临以下挑战：

1. 国土边境安全面临挑战。

2. “台独”分裂活动仍具现实威胁，构成了两岸关系发展与和平统一的最大障碍。

3. 反分裂斗争形势依然错综复杂，“藏独”“东突”等民族分裂势力的暴力倾向进一步加剧。

4. 国土安全舆论环境亟待改善。我国必须努力增进国际社会特别是西方国家对我国立场主张的理解，在涉及国土安全有关问题上营造客观友善的国际舆论环境。

With the further development and growth of China, homeland security is faced with a more prominent and complex situation than before, which includes the following challenges:

1. Threats to its border security.

2. The realistic threat posed by secessionist activities for "Taiwan independence" which remain the biggest obstacle in the path of the development of the cross-strait relations and its peaceful reunification.

3. The continuously grave and complex fight against secessionist activities, and the stronger tendency of ethnic secessionist forces like "Tibet independence" and "East Turkistan" to be more violent in action.

4. The harsh international climate of public opinion regarding its homeland security policies. China must make greater efforts to improve the understanding of the international community, especially Western countries about its standpoint and position, and create an objective and friendly international environment of public opinion on issues related to homeland security.

维护国土安全必须做好以下四个方面：

1. 提升维护国土安全能力。坚持以经济建设为中心，加强国防建设，才能有效遏制侵害我国国土安全的行为；坚持独立自主的和平外交政策，确保在解决领土争端时居于有利位置。

2. 加强国土安全体制机制建设。健全相关统筹和协调工作机制，构建统一高效的保障体系；加强对国土安全现状的监测和对未来的预判，完善应急处置机制；加强队伍建设和理论研究，为国土安全工作提供力量和智力支撑。

3. 完善国土安全法律法规体系。要从法律上进一步明确维护国土安全的任务、原则、方式和手段，确保各项工作有法可依；同时，遵循国际法基本原则，借鉴其他国家的通行做法，使相关法律法规更好地与国际接轨。

4. 加强国土安全宣传教育，对于提高国民的危机意识、开拓国民视野、坚定国民信念、提升国民认知、增强国民能力等，都具有重要意义。

To safeguard its homeland security, China needs to:

1. Improve the ability to protect and defend its homeland, by pushing forward economic development, only with which can it strengthen its national defense and contain activities that threaten its homeland security.

2. Enhance systems and mechanisms for safeguarding homeland security, by improving the system of overall-planning and coordination and building up a uniform and effective security system, by making greater efforts to monitor the current situation of homeland security, predict its future developments and perfect the emergency response system, and by working harder for team building and theoretical studies to provide power and intelligence support for work related to homeland security.

3. Improve the system of laws and regulations related to homeland security, by further legalizing clarifications of the missions, principles, approaches and means of homeland security protection to make sure that all the work has a legal basis, and at the meantime, by following the basic principles of international laws and drawing on the established practices of other countries so that the laws and regulation are better aligned with international standards.

4. Work harder to raise public awareness about homeland security, which is of profound significance to evoking its people's sense of crisis, broadening their horizon, strengthening their convictions, developing their consciousness and increasing their capabilities.

第三节 热门电影赏析

《锅匠，裁缝，士兵，间谍》是一部法国惊悚片，背景设定在“冷战”时期，讲述了英国情报局的一个已退休工作人员再次出山，在原来的同事中挖出一名潜伏已久的苏联情报人员，从而保卫英国国家安全的故事。“冷战”时期，各国间谍活动频繁，其目的都是保卫本国的领土安全。领土安全是国家生存的必要前提，是国家政治安全的重要标志，也是国家经济发展的基本保障。

一、剧照欣赏

二、剧情介绍

20 世纪中期，各国间谍活动频繁，俄罗斯“中心”与英国“圆场”两大特工组织明争暗斗。“圆场”现役管理者将一位忠诚敬业的特工派往匈牙利，后者在完成任务时遇害，管理者因此被迫退出组织。经排查发现，英国特工组织内部被俄罗斯“中心”安插了双面间谍，而可疑对象为“圆场”上任管理者所任命的五位特工：“锅匠”珀西·阿勒林、“裁缝”比尔·海顿、“士兵”罗伊·布兰德、“穷人”托比·伊斯特海斯和“乞丐”乔治·史迈利。

原本已退休离开“圆场”的史迈利在接受调查后洗清了嫌疑，但仍奉命重新出山，与年轻的特工彼得·吉勒姆搭档，分析组织自以往至今的所有行动和任务，最终将追踪对象锁定在“锅匠”“裁缝”“士兵”“穷人”身上。一时间，“圆场”疑云密布，人人自危，究竟谁才是真正背叛国家和自我的双面间谍?

三、热点影评

为了提高大家批判性思考的能力，我们为大家提供不同角度的影评，大家可以在阅读之余，形成自己的观点。

1. 正面影评

许多观众为该电影打出了高分，好评多集中于缜密的情节设置、专业的制作手法和精彩的角色演绎等方面。

《锅匠，裁缝，士兵，间谍》改编自一部颇为复杂的英国谍战小说，在内容设置上既照顾到错综复杂的人物关系，又能多方考据细节，让情节顺畅贯通，实属不易。电影基于古典叙事方式，多次运用闪回，由支线人物的讲述辅助完成主线故事。而由于信息量庞大且细碎，观众在观影时也好似在完成巨幅拼图，别有生趣。

除情节之外，最令观众沉浸的莫过于电影浓郁冷峻的英伦气质，雨雾迷蒙的锐度质感。同时，电影语言精悍深邃，值得玩味，你来我往之间一幅生动的英式谍战群像便树立起来。

另外，演员的精彩演绎也使作品从平面走向立体，特别是加里·奥德曼饰演的退休间谍史迈利，始终不动声色，似有若无，为其他演员留出表演空间的同时又四两拨千斤般串起整条主线，挑起大戏。

网友评论节摘：

网友1：

这部电影拥有绝无仅有的精良制作和出色演绎，不是想打造另一个“詹姆斯·邦德”，而是在讲述真实世界的间谍活动：破旧简陋的办公所和残酷无情的谍报斗争，每一个角色都渗透着威胁与危险的气息。

网友2：

电影情节尽管复杂，但张弛有度，交代得十分清晰。加里·奥德曼的表演也非常精彩，间谍派十足。观众可以完全专注于电影情节发展，猜测究竟谁才是间谍，同时也不会被突兀的配乐打扰。总而言之，这是一部值得反复观看解读的电影！

2. 负面影评

为电影打出低分的观众多将其与剧集版本或原著比较，表示对一部分银幕改编感到失望。

网友评论节摘：

BBC的版本珠玉在前，电影版与之相比似乎没有留给观众摸清角色的机会。每个人都像是有着蹩脚名字的无脸人，难以激起我们找寻间谍的兴趣。艾莱酒店脏乱的布景做得非常到位，但每个场景都如此却会显得沉重赘余。

第四节 电影分析与思考

这部电影的背景设置在“冷战”时期，情节跨度从1953年到1973年，此间英国和苏联分处两个阵营，明争暗斗，双方分别派出间谍，潜入对方阵营，甚至打入对方情报机关内部，成为双重间谍。这部电影讲述的就是“英国军情六处”的故事。军情六处是最早、最富传奇色彩的情报机构，负责为英国政府在海外收集情报，主要任务是反对恐怖主义、武器扩散与海外动乱，旨在通过间谍和反间谍活动来保卫英国的国土安全。

第二次世界大战中丘吉尔担任首相后，军情六处得到前所未有的重视，大量才华出众且有献身精神的年轻人应召进入军情六处，他们踌躇满志地想要在此建功立业。电影中展现的几位军情六处的高层官员就是当年这批踌躇满志的年轻人。但是战后英国的国力和外交能力大不如前，尤其1956年失去了苏伊士运河的经营权之后，又有多个海外殖民地宣布独立，英国的版图逐渐缩小。军情六处的光环也随之退去，在海外的策反工作渐渐力不从心，尤其在与苏联的情报较量中也处于下风，一些策反苏联间谍的英国间谍反而被逆向策反。电影里军情六处的权力中心——“圆场”中甚至出现了不止一个“内鬼”，整部电影就围绕着“无间道”、追查内鬼的情节展开。

这部电影自始至终都笼罩在肃杀悲凉的氛围中，切合军情六处低调冷酷的风格，也符合“圆场”追查内鬼、人人自危的情节，同时也映衬了大英帝国走向败落的主题。致力于在海外策反的情报机关核心高层出现内鬼，简直是天大的讽刺。内鬼，又被称作“鼹鼠”，秘密潜伏以从内部来瓦解情报机关，盗取英国的核心机密卖给苏联人，极大地损害了英国的利益，危及了英国的国土安全。

在“圆场”的权力斗争中遭到驱逐而提前退休的乔治·史迈利，被部长秘密召回以调查到底谁是潜伏的双重间谍，最终经过一系列险象环生的调查推断、设计、引诱，终于发现“圆场”中多名高层官员已被发展成为“鼹鼠”。其中就有他曾经的亲密战友——比尔·海顿。乔治和比尔当年都怀着爱国激情进入情报中心。乔治对英国的爱一直没有因大英帝国的衰颓而发生改变，他一直忠实地守护着国家，哪怕被权力中心驱逐。电影中有个细节，就是乔治被“鼹鼠”们驱逐，落魄地回到家中，但他还在回味丘吉尔的访谈节目，始终放不下对丘吉尔时代军情六处往日辉煌的怀念。相比之下，成为双重间谍的比尔也像乔治一样满腔热血，一心扑在海外情报事业上以保卫英国的国土安全。但是比尔渐渐对衰败的英国感到失望，开始借工作之便接触苏联；当他感觉到英国的衰落无法挽回时，更是死心塌地地为苏联卖命，1961年他甚至加入了苏联国籍。在电影结尾，身份败露、身陷囹圄的比尔，向乔治倾诉他叛变的初衷，是“觉得西方越来越丑恶”，无法忍受在一个衰败的国家里当个碌碌无为的办事员，“他想要青史留名”。于是，这个对祖国失望的绅士，竟然撒手而去，投入了敌对阵营的怀抱。两个热血青年都因为对祖国深沉的爱而加入情报组织，但是在祖国衰败的时候，乔治选择了忠诚和坚守，比尔则选择了背叛和出逃。

电影充溢着一种悲壮的情绪。大英帝国的荣光和辉煌逐渐退去，军情六处内部因腐败而衰落，而被苏联策反的英国双重间谍更是令这里千疮百孔。比尔（代号“裁缝”）、罗伊（代号“士兵”）、珀西（代号“锅匠”）、托比（代号“穷人”）先后被莫斯科情报中心一一策反。讽刺的是，策反他们的“卡拉”在当年就是乔治费尽气力也没能成功策反的苏联间谍。这些深藏于“圆场”中的双重间谍，已经没有了祖国和国土的概念，他们眼中只有金钱和权力，或是将对现实的无力感寄托在虚幻扭曲的乌托邦理想之中。这几位双重间谍接触到的是密级最高的情报，他们相互协助掩护，将其源源不断地送给前来接头的苏联间谍。这极大地破坏了英国情报机构的内部组织，同时军情六处在海外执行的策反任务频频告败，多名外勤得力干将被害。20 世纪 60 年代之后，英苏之间的情报战趋于白热化，而英国和美国的盟友关系则愈加亲密，于是“圆场”对美方殷勤备至，想通过和美国人称兄道弟来共享中情局的情报。但是没想到的是，共享的重要情报也被这些双重间谍输送到了苏联。

英国情报中心的权力中枢摇摇欲坠，整个情报阵线面临全线溃败的危险，英国的国土安全也受到了前所未有的威胁，在海外执行情报任务的特工频频被暗杀，或者被逮捕而遭受严刑逼供，几位忠诚的战士在受刑后泄密。危急关头，乔治·史迈利复出，他带着年轻的特工吉勒姆，奔走在雨雾迷蒙的伦敦街头，偷偷潜入“圆场”档案室查找秘密材料，寻找幸存的外勤特工，渐渐拼凑起事实的真相。直到影片最后，真正的内鬼才露出真面目。乔治·史迈利在寻访的过程中，深深体会到大英帝国衰颓的悲凉。他拜访被内鬼赶出“圆场”的调查部部长康妮时，康妮拿出军情六处黄金时代特工们的照片垂泪不已。昔日一同出生入死、并肩战斗的战友，因信仰不同而分道扬镳，忠诚者被赶出情报中枢，叛徒却日益得势，占据着中枢位置。电影中史迈利对过去的回忆一再闪现，最有代表性的就是军情六处特工欢聚圣诞节的场景：泛黄的画面、慢摇的镜头、缓慢的节奏、舒缓的音乐，浮现又消失在记忆深处，象征着大英帝国逝去的黄金时代。画面中浸满了无力的哀愁——高贵的英国绅士为国而战的时代一去不复返，日不落帝国的余晖中，世界权力的中心已经移至大西洋彼岸。而这些曾经为了大英帝国受尽了近乎残酷训练的天之骄子、保护国土安全的力量，到头来全都倒戈到敌对阵营，反而成了与本国作战的力量，成为内部瓦解的毁灭性武器。

影片中的间谍活动，实际上涉及潜在的国土安全问题，这种活动虽然不像边境战斗那样硝烟四起，却比有硝烟的战斗更加具有破坏性。

首先，它是针对国家国土安全的分裂活动，这提醒大家反分裂斗争形势在各个国家都是错综复杂的。

同时，它还危害国土安全舆论环境，这种活动一经曝光，对舆论环境的破坏性不容忽视。

整个片子的叙事，初看起来有些语焉不详，情节中埋设了大量的伏笔与隐线，一个接一个的谜团，直到影片结束才被一一解开。“冷战”期间，情报人员是英美和苏联两个阵营交战的先锋。为了取得胜利，他们要承受巨大的痛苦，抛弃爱情和友情，付出难以想象的代价。他们还要保证自己没有软肋，压抑真实的情感，扭曲人性，披上正义的面纱获得胜利，或是借投敌叛国而“青史留名”，电影深刻地剖析了这些情报人员可悲的一生。电影中有一个重要隐喻，史迈利在追查内鬼时，将“圆场”中的可疑人员“裁缝”“锅匠”“士兵”“穷人”的照片贴在象棋的棋子上把玩，似乎他们的命运被冥冥中的巨大权力所操控。实际上就连乔治·史迈利本人，这个最为理想主义的高贵骑士，也没能从冷酷虚伪的斗争中脱身，反而愈陷愈深。影片以讽刺性的一幕结束——史迈利铲除了“圆场”中的几个内鬼，志得意满地坐上了情报中枢的头把交椅。他由政治斗争的受害者，摇身一变成为笑到最后的人。这个时刻，史迈利的心中还留有几分维护国家尊严的正义？在这个位置上拥有绝对权力的他，能否也会被腐化和策反？一直压抑自己真实情感的史迈利，是否会步其他人的后尘，成为被无形力量左右的棋子呢？

这部影片是站在英国的政治立场拍摄的，更多的是给大英帝国唱挽歌。如果改换成从苏联视角拍摄，又会呈现出不一样的情绪与面貌。

第九章

科技安全

SCIENCE AND TECHNOLOGY SECURITY

第一节 你身边的威胁

科学技术是第一生产力，科技安全涉及国家科技竞争能力，是国家安全的重要组成部分，关乎国家的前途命运。

每天，我们都在享受着日新月异的科技发展成果给我们的生活带来的实惠和便利，与此同时不要忘记我们身边也有很多威胁国家科技安全的事件，这些事件不仅影响了我们的生活，还损害了国家的整体安全。

新闻概要

一、国内议题

1. 科技部部长：使科研人员不被表格、报销、帽子所困扰

2019 年 3 月 8 日，在全国两会第三场“部长通道”中，科技部部长王志刚表示，调动人在科研活动中的积极性是科技创新的关键一环，科技部正在研究如何进一步提高创造力、扎实推进科技创新。创新驱动本质是人才驱动，人才强则科技强，然后才是产业强、经济强和国家强的发展道路。

王志刚说，党和国家高度重视科技人员，科技部的基本理念是依靠科技人员，服务大学、科研院所、企业等科研机构和团队，营造良好的法律、政策、社会、文化和服务环境。关于科研活动，社会上流传着帽子多、牌子多、检查多等说法，还有“唯帽子”“唯牌子”“唯奖项”等，科技部 2018 年开展了系列行动，旨在减轻科研人员负担，使科研人员不再被表格、报销、帽子、牌子所困扰，而是能够沉下心来，一门心思搞科研。在如何调动科研人员积极性方

面，科技部与科技人员座谈，了解其诉求，同时激励他们通过科研创造价值，为国家、民族作贡献。

王志刚表示，未来所有的改革、科技资源配置、评价标准等，要围绕科技人员的积极性、主动性、创造性来开展，围绕科学规律、科学精神来开展，同时还要围绕国家强盛、国家竞争力和综合国力提升的目标来开展。①

2. AI 技术一边加速落地　一边补齐短板

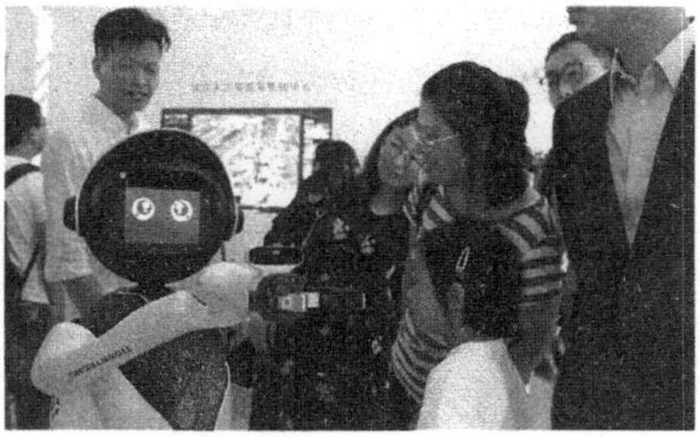

近年来，人工智能（AI）技术快速发展，并从概念炒作向应用落地、行业融合方向演进，赋能实体经济。不过当前国内人工智能技术仍面临诸多短板。

人工智能加快落地。人工智能是引领新一轮科技革命和产业变革的战略性技术，也是当前全球科技竞争的一大风口。在上海举行的“2019 世界人工智能大会”上，来自全球的各大人工智能企业纷纷展出各自的 AI 技术，从快递到金融，涵盖生活、工作的方方面面，预示着 AI 时代已经到来。

从技术探讨到商业化落地，人工智能发展仍存在许多问题和挑战。德国 SAP 全球高级副总裁、中国总经理李强表示，在资本浪潮下，人工智能和工业互联网领域出现泡沫，甚至迷失方向。京东集团副总裁、人工智能事业部总裁周伯文认为，当前国内人工智能产业化短板面临三大挑战：一是人工智能产业化需要顶层设计；二是从业者需抓住切口，以点、线、面的方式在一个闭环里创造价值，坚持“小步快跑”；三是不能低估生态的重要性，无论是人才供给还是创新落地，都离不开生态。中国工程院院士潘云鹤认为，未来人工智能和工业结合，将在工业生产、企业经营、产品创新、供应链接、经济调节五个领域得到进一步发展。②

① 参见李珣：《科技部长：使科研人员不被表格、报销、帽子所困扰》，澎湃新闻网 2019 年 3 月 8 日。

② 参见高少华：《AI 技术一边加速落地　一边补齐短板》，人民网 2019 年 9 月 17 日。

二、国际议题

1. 默克尔表示德国将定义自己的5G安全标准

2019年3月中旬，德国总理默克尔表示，德国希望为部署5G基础设施制定自己的安全标准。此前，美国特朗普政府曾警告德国政府，如果德国允许华为参与5G基础设施合同，美德情报信息共享将受到限制。

默克尔说，德国政府致力于为包括5G移动基础设施在内的数字网络安全提供保障。她说："安全问题，特别是在5G网络扩展方面，以及在数字领域的其他方面，是德国政府非常重要的关切，因此我们正在为自己确定标准。"她还说，德国政府将与欧洲的合作伙伴以及美国的相关政府部门讨论安全问题。

默克尔的跨大西洋事务协调人彼得·拜尔说，德国和美国政府已就潜在的安全问题达成一致。

德国联邦网络管理局最近公布了对电信网络和服务附加安全要求的关键内容。新要求规定，系统只能来自可靠的供应商，这些供应商必须确保遵守国家安全条例和有关电信保密和数据保护的规定，必须定期不断地监测网络流量是否出现异常，如果有任何问题，必须采取适当的保护措施。

德国经济部部长彼得·阿尔特迈尔表示，德国无意禁止华为在德国建设5G网络，但强调将对所有愿意参与未来在德国部署网络的供应商采取更严格的安全措施。①

① 参见Juan Pedro Tomás，"Germany to Define Its Own 5G Security Standard，Merkel Says"，2019年3月14日，见https://www.rcrwireless.com/20190314/5g/germany-define-own-5g-security-standard-merkel-says.

2. 新太空竞赛：把网络带到世界上最遥远的地方

这是一场21世纪的太空竞赛：亚马逊（Amazon）、美国太空探索技术公司（SpaceX）和其他公司正竞相进入轨道，为地球上最偏远的地方提供互联网。20世纪苏联发射人造卫星引发太空霸权之争，目前这场竞赛涉及数千颗卫星。

已有十多家公司向美国监管机构提出申请，要求运营提供互联网服务的卫星群。但这股新的互联网浪潮面临障碍：卫星发射成本高，技术复杂，还会产生大量太空垃圾。

传统的卫星互联网由HughesNET和Viasat等公司主导，这些公司的卫星体积大，距离地球35000千米，覆盖面广，但价格昂贵，有数据上限和延迟，用户并不多。新型卫星更小，更便宜，更接近地球，理论上信号传播更快，有利于应用程序更好地工作。新卫星支持者众多，除了亚马逊和SpaceX之外，OneWeb也加入了这场竞争，其投资方包括维珍创始人理查德·布兰森、美国芯片制造商高通和日本科技集团软银等投资者。新卫星需要比传统卫星更复杂、更昂贵的锅盖和天线。SpaceX已经向美国监管机构申请建造100万个“地球站”，以帮助客户连接到互联网。

麻省理工学院教授凯里·卡霍伊表示，该行业仍处于起步阶段，离广泛商业应用至少还有三年时间，盈利更是后话。经济分析师认为，除非这类设备的成本下降，否则不可能大规模推广。①

① 参见Tali Arbel，“The New Space Race: Amazon，SpaceX Compete to Bring Internet to World’s Most Remote Places”，2019年9月23日，见https://www.usatoday.com/story/tech/2019/09/23/jeff-bezos-ama zon-competes-spacex-bring-internet-everywhere/2421888001/.

第二节 科技安全理论

科技安全是在一定的社会环境条件下，特别是国际大环境中，以国家价值准则为依据，对科技系统与相关系统相互作用所决定的国家安全态势的一种动态描述，是国家安全的重要组成部分。

一、国家科技安全的含义

科学技术安全就是科学技术研究、发展及其成果不受危害，其基础是保障科技研究与科技发展的成果，核心是特有科技秘密不被窃取、不被泄露，也就是特有科技秘密的独占。

国家科技安全是与国家安全和利益具有不同程度密切关系的科技成果、科技研究、科技发展的不受威胁与侵害的客观状态。

国家科技安全既包括所有权在国家的科学技术的安全问题，特别是某些关系到军事国防和国计民生的重大国家科技项目和成果的安全，也包括那些所有权在民间个人或企业公司但对国家安全与利益具有重大关系的科学技术的安全问题。个人或企业不能因为某项科研成果是个人科研取得或是企业科研取得，就随便转让给外国企业。如果该项科研成果与国家安全关系密切，则属于国家科技安全的范围。

二、国家科技安全的主要内容

1. 科技成果安全

在国家安全领域，科技成果安全是指对国家安全和利益具有重大关系的科学技术成果不被泄密、不被窃取、不被破坏、不受威胁。国家科技安全的核心是科技成果的保密，不被泄露、不被窃取。科技人才的安全、科技研究的安全、科技产品的安全、科技设施的安全等，根本上都是为了保障科技成果的安全。

2. 科技人员安全

科技成果是由科研人员的科研活动取得的，与科研管理者是密不可分的。要取得更多、更大、更先进的科研成果，就必须具有更多、更强、更优秀的科研人员和科研管理人员。这就使各个国家、各个公司、各个科技机构之间出现了越来越激烈的科技人才竞争。

科技人员安全既包括传统的科技人员的人身安全、身份安全，也包括当前十分重要的科技人员的不外流。对发展中国家来说，科技人员外流已经成为科技人员安全的重要方面，已经成为威胁整个国家科技安全的重大问题。

3. 科技产品安全

科技产品包括两大类：一类是物化了科技成果特别是高新科技成果的生活用品、生产用品、军事用品等；另一类是物化了科技成果而反过来又被直接用于科学研究的科技产品，如先进的科研仪器、仪表、工具、计算机等。

科技产品安全是指科技产品在一定情况下、一定范围内、一定期限里免于扩散、转让、被窃的客观状态，也就是科技产品不被扩散、不被转让、不被窃取的状态。

但是，由于科技产品的转让在可能给他国带来利益的同时，也会给自己的国家及企业和科研机构带来不同程度的利益，因而科技产品既有安全保密的必要，也有转让出售的必要。什么样的科技成果可以出售及如何出售和出售给什么样的国家和企业，需要权衡判断。因而，科技产品安全不是绝对的。

4. 科技设施安全

科技设施安全是指用于科研的设备、仪器、仪表、场所等不被破坏、免于危险的状态。科技设施安全不仅包括使科技设施避免被有意破坏，还包括科技设施的正确合理使用，以及防止意外事故的发生等。

5. 科技活动安全

科技活动安全是指科技成果的研究、试验和科技新产品的开发、研制活动免于外部和内部干扰而顺利进行的客观状态。

危害科技活动安全的手段各种各样，例如通过假情报、假信息，给科技决策者以误导，以妨碍其制订正确的科技政策和计划，或影响其科技政策和计划的顺利执行；再如通过造谣诬陷等手段损害科技人员的名誉，造成有关方面对科研人员的政治立场、思想品质、科研能力等方面的怀疑，从而使得力的科研人员被迫脱离关键岗位，从而影响科研进程甚至导致某项科研计划无法执行；还有在科研活动所在地制造社会动乱，干扰科技活动的顺利进行；等等。这些都会给科研活动的顺利进行造成不利影响，从而削弱相关方的科技力量。

6. 科技应用安全

科技安全不仅包括科技自身的安全，还包括科技本身不对其他方面造成安全问题，比如核技术安全。核技术安全不仅包括核技术本身不受危害，更重要的是核技术不对周围环境、人身、社会等造成危害。在生物技术特别是基因技术迅速发展的今天，科技应用安全问题更为重要。

三、维护国家科技安全

新时期，维护科技安全必须做好四个坚持。

1. 坚持超前部署，积极主动防范

加强前沿部署，确保战略领域发展主动权。面向未来世界科技发展前沿，重视基础理论突破，重点加强体现新科技革命趋势和国家需求导向的基础研究，力争在更多领域掌握主动权。大力加强前沿问题探索，注重培育新兴、交叉、边缘学科。聚焦信息、能源、材料、国防等关键领域的重大需求，抢占关键领域制高点，把握发展先机。

2. 坚持以国家科技安全面临的首要问题为导向，聚焦维护国家安全重大需求，着力解决国家安全急需攻克的重大科技问题

加强重点突破，实现关键核心技术安全可控。集中力量突破关系国家安全和产业命脉的重要技术，根本扭转关键核心技术受制于人的局面。加快提高核心基础部件、基础工艺、关键基础材料等基础能力，加快科技成果在重点领域的推广应用，确保重点行业和领域安全可控。

3. 坚持自主创新，以发展保安全

加大科技安全基础设施和能力建设。加快重大创新基地和科技平台建设。推进国家重大科研基础设施建设，为增强科技安全能力提供有力支撑。把人才

资源开发放在科技创新最优先的位置，改革人才培养、引进、使用等机制，努力造就一批世界水平的科学家、工程师和创新团队。注重培养一线创新人才和青年科技人才。

4. 坚持深化科技管理改革，建立完善国家科技安全体制机制

破除制约科技创新的思想障碍和制度障碍，激发科技潜能。处理好政府和市场的关系，加快科技和经济社会发展深度融合，打通从科技强到产业强、经济强、国家强的通道。加强军民科技统筹协调，推动军民技术双向流动和转化。加强评估预警，完善科技安全制度。密切跟踪世界科技发展动向，密切跟踪我国重点领域重大工程等，分析可能存在的科技安全风险和隐患。完善科技保密法规，加强保密宣传，确保我国核心利益和正当权益不受侵害。

附：

科技安全理论要点（中英对照）

国家科技安全是与国家安全和利益具有不同程度密切关系的科技成果、科技研究、科技发展的不受威胁与侵害的客观状态。国家科技安全既包括所有权在国家的科学技术的安全问题，特别是某些关系军事国防和国计民生的重大国家科技项目和成果的安全，也包括那些所有权在民间个人或企业公司但对国家安全与利益具有重大关系的科学技术的安全问题。

Science and technology security of a country refers to the state in which the country's scientific and technological achievements, researches and developments relevant to national security and interests are protected from being threatened and infringed upon. Science and technology security concerns the security of state-owned programs and achievements, especially those crucial to national defense and people's livelihood, and those which are significant to national security and interests as well though they are owned by individuals or private enterprises.

国家科技安全主要包括以下主要内容：

1. 科技成果安全：是指对国家安全和利益具有重大关系的科学技术成果不被泄密、不被窃取、不被破坏、不受威胁。

2. 科技人员安全：既包括传统的科技人员的人身安全、身份安全，也包括当前十分重要的科技人员的不外流。

3. 科技产品安全：是指科技产品在一定情况下、一定范围内、一定期限里免于扩散、转让、被窃的客观状态。

4. 科技设施安全：是指用于科研的设备、仪器、仪表、场所等不被破坏、免于危险的状态。

5. 科技活动安全：是指科技成果的研究、试验和科技新产品的开发、研制活动免于外部和内部干扰而顺利进行的客观状态。

6. 科技应用安全：不仅包括科技自身的安全，还包括科技本身不对其他方面造成安全问题。

Science and technology security mainly consists of:

1. Achievements security, meaning the scientific and technological achievements closely related to national security and interests are protected from being leaked, stolen, disrupted or threatened.

2. Security of professional personnel, meaning that safety of scientists and engineers' physical body and identity should be guaranteed, which is traditionally of great importance, and outflow of science and technology talents should be prevented, which has been increasingly important in recent years.

3. Product security, meaning that science and technology products are protected from being spread, transferred or stolen under certain circumstances, during a certain period of time and within certain areas.

4. Facility security, meaning that equipment, instruments and laboratories for scientific research are well-kept and immune to dangers.

5. Activity security, meaning that both the research and testing of scientific achievements, and the preparation and development of new technological products are conducted smoothly without external disturbances or internal interferences.

6. Application security, including not only the security of science and technology itself, but also the prevention of safety problems caused by the application of science

and technology.

新时期，维护科技安全必须做好四个坚持：

1. 坚持超前部署，积极主动防范。面向未来世界科技发展前沿，重视基础理论突破，重点加强体现新科技革命趋势和国家需求导向的基础研究。

2. 坚持以国家科技安全面临的首要问题为导向，聚焦维护国家安全重大需求，着力解决国家安全急需攻克的重大科技问题。

3. 坚持自主创新，以发展保安全。加快重大创新基地和科技平台建设，推进国家重大科研基础设施建设，把人才资源开发放在科技创新最优先的位置。

4. 坚持深化科技管理改革，建立完善国家科技安全体制机制。

To guarantee science and technology security in the new era, we must:

1. Insist on forward-looking planning and active prevention. In light of the future needs of global frontier development in science and technology landscape, we should underline the breakthrough of basic theory, the trend of technological revolution, and the development of basic research driven by national demands.

2. Insist on focusing on priorities concerning national science and technology security. Focus on satisfying major requirements of national security issues, and solving crucial problems confronted in science and technology development.

3. Insist on independent innovation and maintaining security through development. Put the human resources development on the top of agenda in the science and technology innovation, and promote the progress of building innovation bases and science and technology platforms as well as major national infrastructures in research.

4. Insist on deepening reform of science and technology management and developing a better mechanism for national science and technology security.

第三节 热门电影赏析

《模仿游戏》讲述了“计算机科学之父”艾伦·图灵的传奇人生。故事主要聚焦于图灵协助盟军破译德国密码系统“英格玛”，从而扭转了第二次世界大战战局的经历。影片彰显了科技秘密的安全问题，尤其是某些涉及核心军事国防机密的科技成果的安全问题，一定要确保这些秘密不被窃取、不被泄露、不被破译。

一、剧照欣赏

二、剧情介绍

第二次世界大战期间，盟军苦于德国的密码系统“英格玛”无法破译，英国政府便召集了一批优秀的数学家、逻辑学家等开展秘密破解工作，艾伦·图灵就是其中的一位专家。破解计划刚开始时，图灵遭到了以休·亚历山大为首的组员和领导的排斥，好在军情六处处长斯图尔特·孟席斯伸出援手，帮助图灵立项研究破译密码的机器，图灵成为项目负责人后，招收了新成员琼·克拉克，开始了艰难的工作。琼很快迷恋上了图灵，她的帮助使得图灵的小组空前团结，并于两年后成功破解了德军密码。图灵一度与琼订婚，却隐瞒了一个秘密，因为这个秘密，他最终遭受了非人的待遇。

三、热点影评

为了提高大家批判性思考的能力，我们为大家提供不同角度的影评，大家可以在阅读之余，形成自己的观点。

1. 正面影评

电影《模仿游戏》是一部引人入胜的优秀传记类影片，有着厚重历史背景的人物故事，精彩演绎了第二次世界大战期间破解德国“英格玛”的传奇情节，获得第 87 届奥斯卡金像奖八项提名，最终获得最佳改编剧本奖。

影片节奏拿捏紧凑，三条时间线索交相辉映，没有一个浪费的镜头，影片拍摄精致，叙事手法不俗。电影本着政治正确的原则，对主人公图灵的生平进行了一定程度的改编，对影片的价值观也做了一定的向主流审美靠拢的修正。

演员阵容强大，人物刻画细腻准确。艾伦·图灵的扮演者本尼迪克特·康伯巴奇给观众留下了深刻印象，他天生高冷的气质在图灵这个角色身上体现得恰到好处。他收起锋芒，将一个有很多秘密、内心纠结的角色把控得十分到位，可谓把艾伦·图灵演活了，他的表演值得奥斯卡奖提名。凯拉·奈特莉饰演的琼·克拉克在某种程度上和图灵同病相怜：作为一个能力强过男人的女子，在当时那种社会氛围下很难被大众接受，她和图灵惺惺相惜。奈特莉成功把这个低调又有亲和力的角色发挥到了极致，把这个写得并不丰满的角色演绎得相当有分量。

网友评论节摘：

网友 1：

上周我在伦敦电影节上看过这部电影，该片有出色的节奏和脚本，从头到尾一直牢牢抓住观众的注意力。电影院里充满了笑声、掌声和哭声，我邻座的男士不得不向他的妻子借手帕。

网友 2:

我不想剧透，但只想告诉数字朋克，如果把当年英国军情六处的战术与今天美国国安局和其他政府机构的战术相比较，你会不安地发现，他们监视着我们的每一个数字行动。总的来说，这是一部精彩的电影，里面有伟大的演员，会打动你的心灵。

2. 负面影评

有观众认为，如果不知道“英格玛”密码和图灵的故事，那么可能会觉得这是一部非常有趣的电影；但如果知道这些故事，就会发现很难接受影片与事实的巨大出入。影片展示的不是破解德国密码的方式，也不是图灵生活的真实写照。图灵在破解密码的过程中发挥了关键作用，但并非他一个人参与了破译密码的机器的设计和建造工作，其他人的贡献都被抹去了。

网友评论节摘：

网友 1:

电影人在演绎真实的人物或事件时，有责任说出真相，而不是为了戏剧效果而歪曲事实。当这种责任被忽视的时候，电影人实际上就是在打着娱乐的名义传播谣言。

网友 2:

整部影片全程俗套，洋溢着各种投喂大众的定式思维，发现破译关键的那段情节近乎弱智，科学家传记片什么时候才能拍得不这么低俗。

第四节　电影分析与思考

电影《模仿游戏》讲述的是英国著名数学家、逻辑学家以及计算机科学之父艾伦·图灵传奇的一生。影片以穿插跳跃的方式分别展现了图灵在青少年时期、第二次世界大战时期以及临终前的三个人生阶段，而着重叙述的则是他于第二次世界大战时期潜心破译德军“英格玛”密码系统，最终帮助盟军赢得战争胜利的故事。

1939年，英国正式宣布与德国进入战争状态。此时，回到剑桥的图灵加入了由英国皇家海军指挥的“英格玛”密码破译团队。“英格玛”是德军在第二次世界大战中使用的密码系统，大量关于德军突然袭击的细节、秘密护航的任务、大西洋深海潜艇的位置等机密作战信息，都被包含在这些犹如天书一般的密码之中。英军虽然每天都能截获大量的密码信息，但无法破译，于是这些信息如同废纸。更麻烦的是，“英格玛”的密码设定在每天的午夜时分都会被德军重新调整，因此，研究人员每天只有18个小时来破译当天的密码设定，如果不能成功，他们所做的努力就会全部作废，第二天只能推倒重来。

最初，象棋高手休·亚历山大是破译团队的管理者，他和项目指挥官都拒绝了图灵申请配件及设备的请求。无奈之下，图灵只好直接致信丘吉尔，结果不仅经费获批，图灵还被任命为团队的新领导人。研究初期，大家做了各种尝试，也能偶尔破译零星的情报，但图灵坚持要设计一台机器，希望能够完全破解“英格玛”的密码设定，并在每天密码设定变更之时立刻跟进，只有这样才能帮助盟军破译他们所截获的每一条情报，从而彻底解决难题。

英军在与德军作战的同时，更是在与时间作战，因为每分每秒都有人在为战争付出生命，所以科研人员要抓住一切机会尽快破译密码。一天，在工作人员的闲聊中，大家无意间捕获了破译密码设定的关键信息，最终他们紧抓线索，破获了“英格玛”完整的系统设定，随后帮助盟军在战争中逐渐把握主动权，扭转了战局。

而在影片的结尾，令人唏嘘的是，图灵因为个人生活上的事情违反了当时英国的法律，进而受到一系列迫害。不堪重负的他在1954年6月7日自杀身亡，享年41岁。直到半个多世纪后的2013年，英国女王才赦免了他，并对他所作出的前所未有的贡献表示敬意。

《模仿游戏》虽然是从艾伦·图灵的视角出发，依据真实历史故事拍摄的传记电影，但其讲述的核心内容却并不是要囊括图灵完整的一生，而是着重描绘第二次世界大战期间图灵参与破译德军密码这一真实历史事件。在这部分情节中，我们恰好能看到许多与国家科技安全相关的片段。科学技术安全就是科学技术研究、发展及其成果不受危害的状态，其基础是保障科技研究与科技发展的成果，核心是特有科技秘密不被窃取、不被泄露，也就是特有科技秘密的独占，而国家科技安全则是与国家安全和利益具有不同程度密切关系的科技成果、科技研究、科技发展的不受威胁与侵害的客观状态，在该影片中主要集中体现在以下四个方面：

第一，科技活动安全。科技活动安全是指科技成果的研究、试验和科技新产品的开发、研制活动免于外部和内部干扰而顺利进行的客观状态。在影片中，为了维护国家安全，科学家们在布莱切利公园对“英格玛”密码系统的破译过程都是高度保密的。一开始在报纸上发布“填字游戏”对新人进行初筛时，政府就隐瞒了此项工作的真正内容；而当琼·克拉克和杰克·古德被录用之后，他们也要承诺对外严守秘密，甚至对家人和朋友都要隐瞒工作的真实情况。而在研究过程中，每天下班时，科研人员的随身物品都要被严格搜查，以防重要的科研信息被夹带出去造成泄密。最后，当第二次世界大战结束，任务完结，科学家们还要销毁一切与研发相关的信息，使整件事情都成为不为人知的秘密。

第二，科技人员安全。在电影中，科技人员安全首先体现在科技人才的不外流上。战争年代，对科技人才的争抢是异常激烈的。英军为了破译德军的密码系统，招募的都是当时最顶尖的语言学家、逻辑学家、数学家等高端人才，他们要尽可能把这些人才留在自己的团队中。同样，图灵在组建自己的新团队时，也是不遗余力地争取录用琼·克拉克。当时琼的家人认为一名女性在全是男性的环境中工作是不体面的。为了打消其家人的顾虑，图灵谎称琼将是和许多优秀的女性在一起开始新的工作，这才最终获得了其家人的准许，保证了自己科研团队人才没有浪费和外流。其次，科技人员的安全在片中还体现为对科技人员人身安全的保障。第二次世界大战虽然结束，但未来新的战争很可能再次发生，如果将这些科研人才的身份公之于众，到时难免使他们再次成为各方争抢的对象，甚至可能会为他们招致杀身之祸。因此，出于对人身安全的考虑，科学家们在战争胜利后，集体销毁了关于此项研究的大量证据。

第三，科技设施安全。科技设施安全是指用于科研的设备、仪器、仪表、场所等不被破坏、免于危险的状态。在影片中，破译密码的设备及场所三次出现了受到威胁的情况。第一次是因为团队成员休·亚历山大在解码过程中感受到了强烈的挫败感，一怒之下企图以毁坏机器来发泄怒火；第二次是因为皇家海军怀疑在破译团队中有一名苏联双面间谍，图灵因古怪的性格而成了被怀疑的头号对象，因此在对他的办公用品展开搜查的时候一些仪器和资料受到损坏；第三次则是由于密码破译机在运转之初耗资巨大，且耗时良久，内政部看不到任何科研进展，于是开始质疑图灵的研究思路，强行中止了机器的运转。但这三次危机都被科学家们以坚持不懈的精神化解，最终确保了科研设施的安全。

第四，科技成果安全。科技成果安全是指对国家安全和利益具有重大关系的科学技术成果的不被泄密、不被窃取、不被破坏、不受威胁。影片中最扣人心弦的情节就是当图灵等人成功破获德军密码之后，他们已经能够一目了然地看到德军的作战计划。按照当时德军的部署，他们将对一艘英国客船发动突袭，500 多名普通百姓的生命安全受到威胁，而破译团队成员彼得的哥哥也在这艘船上。他们完全可以借助破译出来的信息，立刻阻止德军的行动，但如果这样做，他们成功破解“英格玛”的成果就会暴露，而引发的连锁反应将导致德军改变后续的所有部署，并启用新的密码系统，那破译人员整整两年的努力都将付诸东流。正如片中图灵所说，破译密码并不是最难的部分，难的是对研究成果的高度保密。在残酷的战争面前，为了赢得最终的胜利，彻底粉碎德军的所有计划，他们必须隐藏自己的科研成果，不去干预满载百姓的客船即将遭到的突袭状况，哪怕他们要为此付出数百条生命的代价。

电影《模仿游戏》改编自安德鲁·霍奇斯的小说《艾伦·图灵传》。小说原作选择的是较为平缓的叙述方式，而影片为了凸显戏剧张力，采用了非线性叙事的技巧，抓取了图灵人生中的三个重要阶段，有详有略地在它们之间不断往返跳跃。图灵在青少年时期与好友的情谊以及对密码的兴趣，为他在第二次世界大战时期破译密码的活动作了铺垫，而他在科研工作中获得的巨大成功又与他临终前所遭受的非人待遇形成强烈的反差。这样的叙事策略既能较好地把握故事节奏，又能达到强化戏剧冲突的效果。与此同时，在电影的拍摄手法上，主创团队还多次采用两条线索平行叠加的方式。比如在片中，观众一边听到的是解码机器“克里斯托弗”运转的声音，另一边看到的却是德国纳粹在世界各地不断扩大侵略范围的战争场面，这让观众切实感受到了此项科研任务时间紧迫、刻不容缓的特点。

无论是从故事内容还是从叙事视角上来讲，这无疑都是一部能够抓住观众的成功作品，但若将电影情节与真实存在的历史事件和人物去对照便会发现，虽然电影以真实故事为蓝本，但还是对其中的不少细节做了大胆的改编。首先，虽然图灵性格孤僻、难以合作，但破译“英格玛”的工作并不是由他独挑大梁完成的，在真实的历史上，数学家戈登·威尔士曼和工程师哈罗德·基恩在密码破译机的设计上功不可没，然而影片中对此二人却只字未提；其次，片中出现的苏联双面间谍事件也与史实不符；最后，影片中所用的密码破译机虽然是依据真实的机器复原制造的，但为了突出戏剧效果，电影的主创团队放大了机器的真实比例，并刻意凸显了机器内部的机械结构。影片中这些与史实不符的细节或许是为了更好地将戏剧的焦点集中在图灵一人身上，但作为观众，如果想通过这部影片了解历史的真相，我们或许需要更强的辨识能力将虚构与现实区分开来。

第十章

网络安全

INTERNET SECURITY

第一节　你身边的威胁

网络安全是非传统安全的重要领域，与政治、经济、军事等传统安全领域深度融合、交互作用，深刻影响国计民生。

每天，我们都在享受着网络给我们的生活带来的精彩和便利，与此同时不要忘记很多威胁国家网络安全的事件也层出不穷，这些事件不仅会影响我们的生活，还会对国家长治久安构成威胁。

新闻概要

一、国内议题

1. 国家网络安全周：科技创新应对“网络黑暗面”

2019 年 9 月 14 日，国家网络安全博览会在天津开幕，16 日至 22 日，国家网络安全宣传周活动在全国铺开。

在天津博览会上，中国电子和奇安信联合展台前的屏幕上不断流动的数据，涵盖城市政务、能源、交通、工业、金融、医疗、教育等信息。城市数字化进程不断加快，网络威胁也无处不在。但不用担心，每天处理百姓日常生活的数字系统背后隐藏着一套设计精密的安全系统：针对一般性网络攻击可自我发现、自我修复、自我平衡；针对大型网络攻击能自动预测、自动告警和应急响应；应对极端网络灾难时能保证关键业务不中断。

博览会搭建了 3000 平方米模拟现实应用场景的网络安全互动体验专区，引导观众学习自我防护知识。个人信息保护仍是 2019 年国家网络安全宣传周的“重头戏”，本次博览会展示了 App 个人信息保护专项治理工作成果，包括近 600 款 App 违法违规使用个人信息的评估和处理情况。新技术带来了难得的发展机遇，也给网络安全带来颠覆性影响和巨大冲击。监管部门要坚持前瞻布局，未雨绸缪，认真研究新技术新应用新业态潜在的安全风险，做好战略预判，制定应对方案，完善相关法律法规，制定相应安全标准，研发安全防护技术，及时化解网络安全风险。[①]

2. 中央网信办等部门治理 App 超范围收集信息、强制收集信息、过度索权

2019 年 1 月，中央网信办、工信部、公安部、市场监管总局四部门联合发布《关于开展 App 违法违规收集使用个人信息专项治理的公告》，成立了 App 违法违规收集使用个人信息专项治理工作组。

截至 2019 年 9 月，工作组已评估近 600 款用户量大、与民众生活密切相关的 App，并向其中问题严重的 200 余款 App 运营者告知评估结果，建议及时整改，整改问题达 800 余个。

App 普遍违法违规过度索权，理财贷款类是重灾区。工作组举报平台微信公众号已收到 9000 余条举报信息。用户隐私成了生财“富矿”，指纹、人脸等信息无法更改，风险高。随着网络技术的发展，除了传统用户隐私信息，生物识别信息泄露成为新风险点。专家表示，指纹、虹膜、人脸、声音等生物识别信息是比身份证号码、手机号更重要的个人隐私。生物识别信息无法更改，一旦泄露，个人可能终身暴露在被攻击和骚扰的风险中。

App 专项治理强调技术手段与行政监管并重，用户需提高安全意识。在 App 违法违规收集使用个人信息背后，是我国个人数据保护立法的滞后。有关部门将完善相关文件标准，加大治理力度，不断提升 App 个人信息保护水平。同时，App 专项治理工作应做到技术手段与行政监管并重。为避免个人信息泄

① 参见刘艳：《国家网络安全周：科技创新应对“网络黑暗面”》，新华网 2019 年 9 月 16 日。

露，用户也有必要提高自身的安全意识。①

二、国际议题

1. 黑客发现美国使用的投票机容易受到攻击

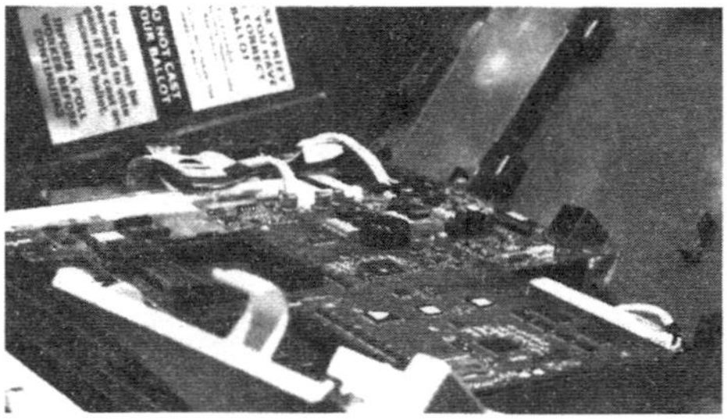

截至2019年9月，来自世界各地的黑客精英已连续三年检测美国选举投票设备，他们花了一个周末的时间侵入投票设备，随后发布报告，详细说明机器存在的漏洞。DefCon投票村的组织者说，100多台机器都很容易受到攻击。2020年是总统选举年，这份报告将成为议员特别关注的问题。

和往年一样，投票村收集了全美各地使用的投票设备，其中大部分是从eBay上订购的，并邀请了8月份在拉斯维加斯举行的DefCon黑客大会的35000多名与会者，看他们能找到什么样的漏洞。他们发现某些机器容易受到远程攻击，某个电子通讯录有一条隐藏的以太网连接到互联网。

安全专家指出，问题不在于黑客可以侵入选举设备，而在于整个选举系统都应在每次选举后用纸质选票复核选举结果，从而将风险降到最低。

投票村与美国选举设备供应商的关系虽有所改善，但仍存在矛盾。投票村正在与美国第二大投票硬件软件供应商多米尼恩谈判，但在会议召开前几天，谈判失败。近几个月来，该行业已不再提供不产生纸面痕迹的机器（除了某些情况下为残疾人制造的设备），并同意安全专家的意见，即应鼓励各州升级到使用纸面选票的新机器。但升级需要资金，即使有联邦政府的资助，也不可能制造出能够抵御全面国家攻击的机器。②

① 参见翟永冠、王思北、张宇琪：《中央网信办等部门治理APP超范围收集信息、强制收集信息、过度索权》，新华网2019年9月20日。

② 参见Kevin Collier, "Hackers Find Voting Machines Used Throughout the US Are Vulnerable to Attack", 2019年9月26日，见https://edition.cnn.com/2019/09/26/politics/hackers-voting-mac hines/index.html.

2. 谷歌和 YouTube 因隐私保护问题被罚款

谷歌和 YouTube 将支付创纪录的 1.7 亿美元罚款，这两家在线巨头被指控非法监控、跟踪和向幼儿提供定向广告。

2019 年 9 月 4 日，纽约州总检察长莱蒂蒂娅·詹姆斯和联邦贸易委员会宣布了拟议的和解方案，詹姆斯指责这些公司“明知故犯地非法监控”幼儿，以“继续投入广告资金”。这些公司被指控违反了《儿童在线隐私保护法》，该法禁止网站在未经儿童父母同意的情况下收集或使用 13 岁以下儿童的信息。

1.7 亿美元是美国有史以来最大的一笔涉及《儿童在线隐私保护法》的罚款，3400 万美元支付纽约州，1.36 亿美元将支付联邦贸易委员会。

2000 年美国国会颁布了《儿童在线隐私保护法》，2013 年扩展到包括 cookies 和 IP 地址等内容，广告商经常使用这些内容来跟踪用户，并提供有针对性的广告。

这次除经济处罚外，还要求谷歌和 YouTube 停止使用以前从面向儿童的视频中收集的个人信息，同时开发一个系统来确定视频是否面向年轻观众。YouTube 还被要求通知用户，面向儿童的内容受《儿童在线隐私保护法》的约束，并把视频标记为以儿童为中心。

同日，YouTube 在官方博客上发文称，正在进行一系列改变，以保护儿童隐私，包括对于为 13 岁以下儿童制作的视频，无论观看者的实际年龄是多少，一律视为 13 岁以下儿童。①

第二节　网络安全理论

当今世界，以互联网为代表的信息技术日新月异，对人类社会的发展进程

---

① 参见 Joseph Spector，“Google，YouTube to Pay Record Fine over Privacy Protections”，2019 年 9 月 4 日，见 https://www.usatoday.com/story/tech/2019/09/04/google-youtube- pay-170-m-privacy-protec tion-settlement/2208069001/.

产生深刻影响，网络空间成为与陆地、海洋、天空、太空同等重要的人类活动新领域，网络安全问题也相伴而生。

一、网络安全的含义

网络是由计算机、服务器、网线及其他载体构成的信息存储和流动体系；网络安全就是作为信息存在和流动载体的计算机、服务器、网线及其他物理设施的安全。

网络安全与政治安全、经济安全、文化安全、社会安全、军事安全等领域相互交融、相互影响，已成为我国面临的最复杂、最现实、最严峻的非传统安全问题之一。

二、我国网络安全面临的主要问题

当前，网络安全日渐成为关乎全局的重大问题。网络安全威胁广泛多元、隐蔽性强，并与政治、经济、文化、社会、军事等领域威胁深度结合，相互激化，使国家安全边界扩大，安全问题的综合性、联动性、多变性日益凸显。我国国家网络安全面临的主要问题表现为以下四个方面：

1. 外部势力通过互联网进行侵犯，对意识形态安全构成威胁

网络具有跨时空、跨国界、信息快速传播、多向互动等特性，对现实社会问题和矛盾具有极大的催化放大作用，极易使一些局部问题全局化、简单问题复杂化、国内问题国际化，给国家治理带来挑战。有些外部势力通过互联网进行意识形态渗透，宣扬所推崇的价值理念，攻击我国的政治制度和发展模式。能否打赢网上意识形态斗争，事关我国政治安全。维护网络意识形态安全任务艰巨。

2. 关键信息基础设施遭到攻击破坏，将严重威胁经济安全和公共利益

我国关键信息基础设施智能化、联网化程度迅速发展，重要行业和公共领域对网络的依赖性持续增强。近年来，针对关键信息基础设施的网络攻击时有发生，给国家安全和经济社会稳定运行带来重大危害。

相对于信息技术的快速发展和广泛应用，我国网络安全整体防护能力不

强，基础信息技术水平较为薄弱，特别是在核心芯片、操作系统、数据库等基础软硬件上大部分采用国外产品，存在重大安全隐患。信息产品的“后门”、漏洞一旦被用于网络攻击，便可能产生重大网络安全事件，严重威胁经济社会安全和国家安全。

网络违法犯罪会给公共利益带来重大危害。计算机病毒、木马等在网络空间传播蔓延，网络欺诈、黑客攻击、侵犯知识产权、滥用个人信息等不法行为大量存在，严重损害国家、企业和个人利益，影响社会和谐稳定。

3. 网络信息鱼龙混杂、泥沙俱下，误导价值取向

与传统的信息传播渠道相比，网络具有更大的开放性和虚拟性，网民可以通过各种网络社交工具随时发布和传播信息。同时，一些虚假信息、淫秽色情内容通过网络空间污染社会环境，一些网民的议论和情绪通过网络空间发酵放大，一些局部矛盾和社会问题通过网络空间凸显升级。这些情况轻则混淆公众视听、侵犯个人权益、危害身心健康，重则颠覆主流价值观，甚至激化社会矛盾，引发社会动荡。

4. 少数国家推行网络空间军事霸权，对国防安全构成威胁

网络空间已成为国际战略博弈的新领域，围绕网络空间发展权、主导权、控制权的竞争愈演愈烈。互联网领域发展失衡、规则缺失、秩序混乱等问题日益凸显。少数国家极力谋求网络空间军事霸权，组建网络作战部队、研发网络攻击武器、出台网络作战条例，不断强化网络攻击与威慑能力，对我国国防安全构成了威胁。

三、维护我国网络安全

1. 坚持依法治网

网络空间不是法外之地，要加强互联网领域立法，完善网络信息服务、网络安全保护、网络社会管理等方面的法律法规，依法规范网络行为；依法强化对破坏网络安全等重点问题的治理。

2. 维护国家网络主权和政治安全

网络主权是国家主权在网络空间的体现和延伸，网络主权原则是我国维护

国家安全和利益、参与网络国际治理与合作所坚持的重要原则。要根据宪法和法律法规管理我国主权范围内的网络活动，切实维护国家网络空间主权、安全和发展利益。坚决防范和打击通过网络颠覆国家政权、破坏国家安全的一切行为。

3. 保护国家关键信息基础设施

加强关键信息基础设施保护是维护网络安全的重中之重，必须保证安全技术措施同步规划、同步建设、同步运行。坚持技术和管理并重、保护和震慑并举，建立关键信息基础设施保护制度。

4. 建立网络安全审查制度

长期以来，少数企业利用产品的单边垄断和技术独霸优势，大规模搜集敏感数据，严重损害用户利益。近年来，我国政府部门、机构、企业、大学及电信主干网络遭受大规模的入侵、监听。必须建立网络安全审查制度，以保证信息技术产品和服务的安全性、可控性，维护用户安全。

5. 加强全社会网络安全意识教育培训

网络安全方面最大的风险是没有意识到风险。加强全社会网络安全意识教育培训是建设网络强国的重要举措，是维护网络空间秩序、保障网络安全的基础性工作。通过宣传教育和培训，进一步牢固树立“网络安全，人人有责”的理念，提升网络媒介素养，增强全社会网络安全意识和防护技能。

6. 强化网络空间国际合作

网络的开放性、跨国性决定了网络安全问题是全球性挑战，单靠一国之力难以有效应对，维护网络安全是国际社会的共同责任。通过加强同各国的双边、多边网络安全对话交流和信息沟通，阐明我国网络空间治理主张。积极参与国际网络安全合作。参与并引导网络空间国际规则的制定过程，扩大我国网络空间的国际话语权和影响力。

附：

网络安全理论要点（中英对照）

网络安全是作为信息存在和流动载体的计算机、服务器、网线及其他物理设施的安全。网络安全与政治安全、经济安全、文化安全、社会安全、军事安全等领域相互交融、相互影响，已成为我国面临的最复杂、最现实、最严峻的非传统安全问题之一。

Internet security is comprised of the security of computers, servers, wires and other physical facilities working as information carriers. Internet security, intertwining with political security, economic security, cultural security, social security and military security, has become one of the most complicated, practical and severe non-traditional security issues in our country.

我国国家网络安全面临的主要问题如下：

1. 外部势力通过互联网进行侵犯，对意识形态安全构成威胁，能否打赢网上意识形态斗争，事关我国政治安全。

2. 我国关键信息基础设施智能化、联网化程度迅速发展，重要行业和公共领域对网络的依赖性持续增强，针对关键信息基础设施的网络攻击给国家安全和经济社会稳定运行带来重大危害。

3. 网络信息鱼龙混杂、泥沙俱下，误导价值取向，甚至激化社会矛盾，引发社会动荡。

4. 网络空间已成为国际战略博弈的新领域，围绕网络空间发展权、主导权、控制权的竞争愈演愈烈，对我国国防安全构成了威胁。

Major Internet security problems facing China are as follows:

1. As external forces threaten ideology security by means of Internet invasion, the online ideology has penetrated China's political security, which may be affected if it is defeated in the online ideological competitions.

2. As the critical information infrastructure becomes more intelligent and interactive at a rapid speed, Internet-dependence is continuously enhanced in major industries and public domains. Therefore, cyber-attacks against critical information infrastructure will pose a threat to national security as well as social and economic stability.

3. An admixture of the genuine and the false information on the Internet leads to misleading value orientation, and even social contradiction and chaos.

4. Incorporated as a new arena into global strategic competition, the cyber space witnesses fiercer competition in the rights to development, leadership, and control thus threatening national defense security.

维护我国网络安全要做到：

1. 坚持依法治网，要加强互联网领域立法，依法强化对破坏网络安全等重点问题的治理。

2. 维护国家网络主权和政治安全，坚决防范和打击通过网络颠覆国家政权、破坏国家安全的一切行为。

3. 保护国家关键信息基础设施，坚持技术和管理并重、保护和震慑并举。

4. 建立网络安全审查制度，以保证信息技术产品和服务的安全性、可控性，维护用户安全。

5. 加强全社会网络安全意识教育培训，提升网络媒介素养，增强全社会网络安全意识和防护技能。

6. 强化网络空间国际合作，参与并引导网络空间国际规则的制定过程，扩大我国网络空间的国际话语权和影响力。

To address Internet security challenges, China needs to:

1. Uphold the rule of law, enhance legislation on the cyber space and better solve major problems that undermine Internet security.

2. Protect its national cyber sovereignty and political security, and fight against any kinds of cyber activities attempting to endanger national security or even launch subversion.

3. Protect critical national information infrastructure by paying equal attention to technology and management as well as protection and deterrence.

4. Establish a network censorship system to keep information technology services and products safe and under control, and to guarantee user security.

5. Educate its people to raise their awareness of cyber security, train them to enhance cyber protective skills, and improve the quality of its online media.

6. Promote further international cooperation in cyber space, participate in and

lead the formulation of international rules on cyber space, and globally amplify its discourse power and influence on this issue.

第三节　热门电影赏析

《间谍之桥》这部电影根据美国律师詹姆斯·多诺万的真人真事改编，讲述了 1960 年美军侦察机执行秘密任务时被苏军击落，多诺万律师为了营救飞行员而卷入了冷战风暴中心的故事。当时，美苏两国正在进行一场没有硝烟的战争，这场战争不需要全副武装的士兵，而是与情报有关，凸显了信息安全的重要性。网络安全与传统信息安全一脉相承，是当代信息安全的重要组成部分，而情报是最传统的信息，这部电影正是从情报的角度来体现信息安全的。

一、剧照欣赏

二、剧情介绍

1960年，美国与苏联正处于“冷战”时期，这场战争不需要全副武装的士兵，而是与情报有关。美国间谍飞行员弗朗西斯·加里·鲍尔斯奉命执行一项秘密任务，携带大量秘密情报，然而他驾驶的美军新型侦察机U-2“黑寡妇”在苏联上空被击落，自己也沦为阶下囚。与此同时，美军也抓到了一名苏联间谍亚伯，双方有意交换被俘人员。

保险律师詹姆斯·多诺万被选中代表美国政府与苏联斡旋，“挽救”美国的国家颜面。由于间谍侦察行为是秘密行动，政府不会出面参与被俘人员交换问题，多诺万无奈成了“中间人”。从与苏联间谍交涉，到面临美国公众质疑，再到前往东德进行换俘，多诺万面临艰难选择。他遭到苏联政府和美国群众的共同反对，不仅需要面对舆论压力，生命安全也受到威胁，甚至连累家人陷入危险。多诺万冒着生命危险去谈判，只身一人踏上间谍之桥，等待确认对面走过来的黑色人影，此时伏在高处的东德士兵则用冰冷的枪口对准了他。

三、热点影评

为了提高大家批判性思考的能力，我们为大家提供了不同角度的影评，大家可以在阅读之余，形成自己的观点。

1. 正面影评

无论从哪个角度看，电影《间谍之桥》都称得上是一部好电影，它讲述了一个触及美国社会核心命题的好故事。这部“冷战”题材的影片，不再是战争下的正义是非，而是战争过后，真正艰难的部分——对宪法的恪守。这一主题经久不衰，可谓是美国立国之本的主旋律影片。

电影导演非常出色。斯皮尔伯格有一种神秘的能力，能把其他导演手中可能枯燥乏味的东西变成奇迹。这部电影也不例外，质朴无华的故事，很好地平衡了微妙的英雄主义和真实的人性情感，貌似轻描淡写，实则扣人心弦。

电影编剧也让人印象深刻，剧情线双线合璧。每个角色都被描绘成普通人，演员的台词，特别是汉克斯和赖伦斯所扮演的角色之间的交流，其简洁程度令人久久不能忘怀。故事的展开方式也同样干净利索，每件事都自然发生，最后一切都完美地结合在一起。

电影没有刻意运用过多的长镜头，而是依托“冷战”背景，通过充满辩论谈判的语言戏，运用精巧剪辑，恰到好处地变换节奏，让影片不沉闷。

电影立足小人物，讲述大事件，虽然充满美国主旋律，但并不令人生厌，向观众展示了真实的人物形象，成功塑造了一个身体力行地捍卫法律权威、化解国家危机、拯救普通人生命的英雄形象。

网友评论节摘：

网友 1：

《间谍之桥》实际上是一部法律剧或历史剧，而不是动作片。影片涉及的大部分事实都是正确的。虽然好莱坞为了情节需要，会稍微修饰一下，但是总体而言作为一部历史纪录片，《间谍之桥》拍得很不错。影片中有很多对话，都非常有意思。

网友 2：

《间谍之桥》不是普通电影，虽然看起来很无聊，但事实并非如此。这部电影就像一棵树，你在上班的路上开车经过，乍一看没有什么特别之处，很普通的样子；然而有一天，你从另一个角度观察它，叶子上的露珠闪闪发光，其捕捉阳光的方式，能让你屏住呼吸。

2. 负面影评

有观众认为，这部电影暗示亚伯没有受到公正对待，淡化了其罪行的严重性和险恶性。对弗朗西斯·加里·鲍尔斯的处理十分肤浅，大大弱化了故事情节。

对于不熟悉亚伯和鲍尔斯的观众来说，这部电影一点儿意义都没有。影片没有英雄，没有女主角，没有落难少女，没有通常用来丰富故事的人物和情节。相反，这部电影只是拖拖拉拉地走向一个反高潮的预定结局。

网友评论节摘：

网友 1：

这部电影冗长、呆板、乏味、自命不凡，表演生硬做作，人物单调乏味，让人兴趣全无。剧情应有的紧张气氛也缺席了。

网友 2：

这部宣扬美国美德的电影真叫人喜欢不起来。虽说电影免不了有制作人的主观情绪，但这部电影也太过主观了，真的不能称为一部好电影。

第四节 电影分析与思考

故事的背景是“冷战”时期，美国和苏联都忌惮彼此的核打击能力，所以两国之间间谍活动频繁。《间谍之桥》便以发生在 1960 年的真实间谍交换事件为原型来讲述故事。从这部电影中我们可以看到，早在“冷战”时期，或者说一直以来，信息安全对敌对双方的重要性。如今进入网络时代，信息被网络所负载和操控，网络安全更是不可轻视。

《间谍之桥》开篇便真实地反映了苏联传奇间谍亚伯的间谍活动及逃脱搜捕的过程。亚伯以历史上的苏联王牌间谍为原型，多才多艺（会六种语言，善绘画、音乐和文学）、机智冷静而又谨慎，并不像 007 那样高调华丽地现身。他在险象环生而又暗潮涌动的间谍工作中游刃有余。在影片中，他被美国情报机关逮捕之时，还借口清理画板而有条不紊地销毁情报。亚伯手中掌握着大量绝密情报，被捕后即便苏联已经拒绝承认亚伯为他们的间谍，他还是拒绝了美国的劝降。在面临间谍罪审判和定罪的整个过程中，亚伯像一位不屈的战士一样挺立着，并以专业的素养保护着苏联的信息安全。

电影的另一根主线描述了美方对苏联的情报搜集。1960年5月1日，美国选定五名飞行员执行代号为“大满贯”的飞行侦察任务。他们要驾机从巴基斯坦出发，往西北方向飞至苏联境内，执行空中拍摄的情报搜集任务，然后飞离苏联在挪威降落。当时人造卫星和太空科技尚未发达，飞机依然是监控地面、搜集敌情最先进的利器。美军飞行员在行动中使用的是U-2侦察机，它们由美国洛克希德公司研发，能够不分昼夜地在21千米以上的高空执行地面侦察任务，机下装载多个高倍摄像机。美国此次行动的主要侦察目标是苏联境内的洲际弹道飞弹基地、钚工厂以及相关的军事设施。侦察机几次飞入飞出“铁幕”，任务异常危险。所以情报长官事先进行了周密的部署，并在飞机上安装了自毁系统，要求飞行员坚决不做俘虏，一旦行动有变，就随机坠毁殉职。影片中飞行员鲍尔斯所驾飞机刚升空就遭击毁，他没有按照要求殉职，自救后被苏联俘虏，因此也就出现了影片后来间谍交换的中心事件。

亚伯和鲍尔斯这两位间谍分别潜入对方国家，侵害对方的信息安全。他们之间还有一个微妙的联系。被委派为亚伯辩护的美国律师多诺万曾经是“罗森堡案”的控方律师。“罗森堡案”是1951年美国审理的一起轰动一时的间谍案。第二次世界大战之后，苏联在美国科学家中发展了多位间谍，罗森堡夫妇被指控向苏联提供了原子弹的机密信息。罗森堡夫人交给苏联人的无线电发射机和接收器，被苏联人改装后可以让对空排炮摧毁飞机。《间谍之桥》里鲍尔斯驾驶的美军侦察机升空不久，就是被苏联用这个装置击落的。

亚伯和鲍尔斯的命运就这样被奇妙地关联起来，虽然他们的间谍活动于同一时间在美苏两地并置进行——搜集情报、被捕、受审、拒绝策反、判刑，但他们的间谍活动风格迥异。亚伯其貌不扬，这个衣着素朴、行动缓慢、戴着假牙的邻家老头，实际上是苏联最为经验老到的“千面间谍”。他搜集情报的方式较为原始，是在硬币中夹带缩微文件和缩微胶卷传递情报，连撬开硬币的都是剃须刀卸下来的简陋刀片。被捕之后，他看似虚弱，实则异常淡定，自始至终没有屈服。美国飞行员鲍尔斯是个年富力强、经过特训的精英飞行员，也颇有些英雄气概，傍身的是美国当时最先进的高空侦察航拍技术。然而侦察机被击中后，他没有按要求使用长官交给他的自尽工具（藏有氰化物指针的硬币），而是在苏联人的严刑逼供下最终屈服泄密。两个间谍形成了鲜明的对比，他们的情报价值也大相径庭：亚伯长期潜伏在美国，搜集了大量重要情报，他的间谍行为对美国信息安全的危害不可估量，这也解释了当他定罪后未被判死刑时，美国人为什么那样愤慨。相较而言，苏联击落 U–2、抓获鲍尔斯不过是政治宣传的成功，实际收获的情报甚少。虽然被击落的侦察机没有自毁，但掉落的碎片对苏方情报意义不大，而鲍尔斯给他们的情报数量和意义也有限。有趣的是，两个间谍都使用硬币，硬币成为危害和维护信息安全的工具。

《间谍之桥》的片名指的就是间谍交换地——柏林格利尼特大桥，也寓意这两个意识形态截然不同的国家，本来是不可沟通、不可对话的（鲍尔斯被俘后，赫鲁晓夫和艾森豪威尔宣布取消了官方会面，所以后来才由民间的律师从中斡旋），但协议最终达成，双方间谍最终回国。这一切要归功于影片的男主人公——律师多诺万。他一开始被委派了为亚伯辩护的苦差，这场诉讼不过是美国官方的惺惺作态，从开始便注定会败诉，但是多诺万坚持维护亚伯的平等权利，先是以交换间谍为借口为其争取了非死刑的判决，然后还坚持去最高法院上诉。当时的美国人因政治宣传无比憎恶苏联人的间谍行为（他们担心苏联凭着间谍情报制造出原子弹来，影片渲染了美国大人、小孩对苏联核打击力量的恐惧），而多诺万却奋力为亚伯争取正义，他欣赏亚伯是位坚强而有尊严的战士。后来，中情局授意多诺万以私人身份参与交换间谍的谈判斡旋，他义无反顾地前往局势已经非常危急的东柏林。当时柏林墙已经筑起，多诺万抛开个人安危，在险境中游走，不仅用满腔的热血和才智促成两方间谍归国，还救回了一名被无端当成间谍并囚禁在东德的美国大学生。

《间谍之桥》无疑是一部美国主旋律电影。影片自始至终宣扬美国维护个人尊严的价值观。影片还揭示了一个深刻的道理：敌对阵营里的人，也可以放下对抗和相互毁灭的危险念头交流合作，在保障信息安全的基础上进行信息共享，以取得人类精神的共同胜利。

第十一章

生态安全

ECOLOGICAL SECURITY

第一节　你身边的威胁

生态安全是指生态系统的健康和完整情况，是一国生态环境确保国民身体健康、为国家经济提供良好支撑和保障能力的状态。生态安全是国家安全体系的坚固基石。

随着人口的增长和经济的发展，我国的生态安全形势愈加严峻，很多区域出现了土地退化、植被破坏、生态失调等问题。很多威胁国家生态安全的事件，每天都在我们身边发生。

新闻概要

一、国内议题

1.“三峡水怪”事件

2019 年 9 月 3 日，有网友在三峡坝区拍下一段视频，视频中疑似出现了体型硕大的黑色水怪，它数米长，像游蛇一般在水中移动。随后，该视频在网络上热传，备受关注，网友纷纷称三峡坝区发现了“水怪”。有部分专家称此“水怪”可能是巨型水蛇、鳗鱼或中华鲟，但也有专家分析说可能是塑料袋或水管。

9 月 17 日上午 10 点 30 分左右，这个所谓的“三峡水怪”被工作人员打捞上岸。原来，这是个造船厂废弃的气囊，系橡皮材质，全身黑色，长约 20 米，从远处看的确像个“怪物”。据悉，被打捞上岸后，气囊被放置在码头，此后将作为废弃物品处理。经推测该气囊来自长江上游。

此次“水怪”事件也是一记警钟：在生态治理日臻精细的背景下，长江中的塑料、微塑料污染仍不容忽视。①

① 参见黄帅：《“三峡水怪”真相大白　别轻易被带节奏》，新华网 2019 年 9 月 19 日。

2.《求是》杂志发表习近平总书记重要文章《推动我国生态文明建设迈上新台阶》

2019年2月1日出版的《求是》杂志第3期发表中共中央总书记、国家主席、中央军委主席习近平的重要文章《推动我国生态文明建设迈上新台阶》。

文章指出，生态文明建设是关系中华民族永续发展的根本大计，要自觉把经济社会发展同生态文明建设统筹起来，充分发挥党的领导和我国社会主义制度能够集中力量办大事的政治优势，充分利用改革开放40年来积累的坚实物质基础，加大力度推进生态文明建设、解决生态环境问题，坚决打好污染防治攻坚战，推动我国生态文明建设迈上新台阶。

文章强调，新时代推进生态文明建设，必须坚持好以下原则：一是坚持人与自然和谐共生；二是绿水青山就是金山银山；三是良好生态环境是最普惠的民生福祉；四是山水林田湖草是生命共同体；五是用最严格制度最严密法治保护生态环境；六是共谋全球生态文明建设。①

二、国际议题

1. 亚马孙雨林大火

巴西国家空间研究院的卫星数据显示，截至当地时间2019年8月21日，亚马孙地区的森林大火已持续燃烧了16天，"地球之肺"已被浓烟笼罩。

① 参见《〈求是〉杂志发表习近平总书记重要文章〈推动我国生态文明建设迈上新台阶〉》，新华网2019年1月31日。

巴西、秘鲁与玻利维亚交界处的亚马孙地区为火灾重灾区，火势较集中的地区位于巴西的朗多尼亚州、马托格罗索州和亚马孙州以及玻利维亚境内，大火已造成至少50万公顷的森林被毁。因为起火地区正处于气候最干旱的时期，更是加剧了火势的蔓延。

亚马孙雨林位于南美洲亚马孙盆地，雨林面积达550万平方千米，其中60%位于巴西境内。亚马孙雨林对全球气候和生态平衡起着举足轻重的作用。巴西国家空间研究院8月20日发布的监控数据显示，2019年以来，巴西亚马孙热带雨林的火情数量累计达72843起，比2018年同期上涨了83%，创下自2013年有记录以来的最高值。目前世界各地网民已在社交媒体上发起了“为亚马孙祈祷”的呼吁，要求国际社会关注亚马孙森林大火的形势，并拯救人类的“地球之肺”。①

2. 世界海洋和高山正遭受气候变化的严重困扰

2019年9月25日，联合国政府间气候变化专门委员会（IPCC）汇集了36个国家的100多位联合国气候科学家的研究调查，发表了一份备受瞩目的气候变化最新报告。报告指出，全球海洋和高山以及我们人类也处于危险之中。

这份科学报告对严峻的地球环境情况进行了评估，并称由于气候变化，世界海洋正在以越来越快的速度变暖，而海洋温度升高的同时，海水酸性更强，这已导致海洋的生产能力降低。此外，冰川和冰盖的融化导致海平面上升，沿海的极端事件正日益严重。IPCC的报告揭示了有决心和有效的适应对可持续发展的益处，否则，拖延行动将使成本和风险不断上升。

2019年9月24日，IPCC的195个会员政府批准了IPCC《气候变化中的海洋和冰冻圈特别报告》，为将全球升温限制在最低水平上提供了新证据。②

① 参见《亚马孙森林大火持续燃烧16天 “地球之肺”浓烟笼罩》，央视网2019年8月22日。

② 参见《联合国报告：气候变化严重威胁世界海洋和高山环境》，四月网2019年9月26日。

第二节　生态安全理论

随着世界经济的发展和人口的增长，生态环境所遭受的污染和破坏日益严重，人类安全也因此受到新的严重威胁，可见生态安全与人类安全、国家安全密切相关。

一、生态安全的含义

生态安全指的是一个国家具有支撑国家生存和发展的较为完整、不受威胁的生态系统，以及应对内外重大生态问题的能力。

生态问题不仅关系人民群众幸福安康，更直接关系国家经济社会发展，事关国家兴衰和民族存亡。生态安全是人类生存发展的基本条件，是经济安全的基本保障，是政治安全和社会稳定的坚固基石，是国土安全的重要屏障，是资源安全的重要基础。

二、我国当前面临的生态安全问题

我国生态本底状况较为脆弱，中度以上生态脆弱区域占陆地国土空间的55%。人口分布、经济发展与资源环境条件不均衡，布局性、结构性矛盾突出。发达国家一两百年逐渐出现和解决的环境问题，已在我国集中显现，全国生态环境恶化趋势尚未得到根本扭转。当前，全国生态环境问题具体表现为以下六个方面：

1. 自然生态空间被过度挤压

森林覆盖率远低于世界平均水平，草原超载过牧现象严重，湿地面积萎缩，近海生态恶化。

2. 土地沙化、退化及水土流失严重

全国土地沙化面积占国土面积的18%，水土流失面积占37%，生态系统破坏带来的自然灾害频发。

3. 水资源严重短缺

我国年缺水量达500多亿立方米，近2/3城市不同程度缺水，地下水超采不容忽视，挤占生态用水问题也较为突出，某些河道出现断流或生态消亡。区域水生态系统受损严重。

4. 生物多样性面临挑战

多种动植物物种及其栖息地受到威胁。

5. 城乡人居环境恶化

大气污染和水污染十分严重，土壤污染也不容忽视。

6. 气候变化有可能造成重大影响

我国的温室气体排放量已居世界之首。受气候变化影响，洪涝、台风、干旱、低温冰雪和高温热浪等极端天气频发，造成农业生产的不稳定和成本增加，基础设施建设和运行安全受到影响。海平面上升现象可能对长三角和珠三角等地区的经济社会发展造成严重影响。

三、维护我国生态安全

生态修复是一项系统工程，需要耗费几十年甚至上百年的时间，短期内难以见效。要充分认识维护生态安全的长期性、复杂性、艰巨性，逐步建立健全维护生态安全的制度体系，着力解决突出的生态环境问题，切实维护我国生态系统稳定和国家利益。具体来说，需做好以下五个方面的工作。

1. 强化国土空间和资源开发管制

强化土地用途管制，严格管理水资源，积极发展循环经济，实施工业绿色发展战略，严格实施矿产资源规划。

2. 完善相关法律法规和财税制度

加快推进生态安全重点领域立法修法工作，强化环境保护监督工作。落实并完善促进节能减排、保护生态环境的税收政策，加快推进环境保护费改税和资源税费改革。

3. 加强自然生态系统保护与修复

加强林草植被及湿地保护与建设，调整农业结构，保护与提升耕地质量，强化自然海岸线、自然保护区的管理，重视极小物种群及其栖息地，积极治理水土流失和沙化等现象。

4. 推进重点环境问题治理

加强水资源保护，系统整治江河流域。实施大气污染综合防治，切实改善大气环境质量。完善土壤环境监测网络，强化农产品产地安全和污染场地监管，实施矿山生态环境保护与恢复治理。

5. 加强生态安全监测与研判

探索建立生态安全监测预警体系，建立完善生态安全动态监测网络。定期对生态风险开展全面科学的调查评估，加强对苗头性、倾向性、潜在性生态问题的预研预判。建立突发环境事件应急预案编制和管理体系，建立完善多级联动的突发环境事件应急网络，有效管控由生态环境问题引发的社会事件和公共危机。

附：

生态安全理论要点（中英对照）

生态安全指的是一个国家具有支撑国家生存和发展的较为完整、不受威胁的生态系统，以及应对内外重大生态问题的能力。生态安全是人类生存发展的基本条件，是经济安全的基本保障，是政治安全和社会稳定的坚固基石，是国土安全的重要屏障，是资源安全的重要基础。

Ecological security of a country is a state in which it develops in a comprehensive ecological system immune to threats and is able to address major internal and external ecological crisis. As a basic element to human development, ecological security plays a fundamental role in economic, political, social and resource-related security, and also works as a safeguard in homeland security.

当前，全国生态环境问题具体表现为：

1. 自然生态空间被过度挤压。森林覆盖率远低于世界平均水平，草原超载过牧现象严重，湿地面积萎缩，近海生态恶化。

2. 土地沙化、退化及水土流失严重。

3. 水资源严重短缺，区域水生态系统受损严重。

4. 生物多样性面临挑战，多种动植物物种及其栖息地受到威胁。

5. 城乡人居环境恶化，大气污染和水污染十分严重，土壤污染也不容忽视。

6. 极端天气造成农业生产的不稳定性和成本增加，基础设施建设和运行安全受到影响；海平面上升现象可能对长三角和珠三角等地区经济社会发展造成严重影响。

Currently, ecological problems faced with China include:

1. Over-packed ecological space with its forest coverage rate much lower than the world average, its grassland seriously overgrazed, its wetland atrophying and its offshore ecological environment deteriorating.

2. Serious land desertification, degradation and erosion.

3. Critical shortage of water resources and severe damages of regional water ecosystem.

4. Biodiversity being so challenged that a great many plant and animal species and their habitats are under threat.

5. Deterioration of living environment in both urban and rural areas, awful air and water pollution and serious soil pollution.

6. Extreme weather has led to instability and raised the cost in agriculture, affecting the building and operation of infrastructure. The rising of sea level also has vital consequences to the economic and social development of Yangtze and Pearl River Delta.

生态修复是一项系统工程，要充分认识维护生态安全的长期性、复杂性、艰巨性，需做好以下方面：

1. 强化国土空间和资源开发管制，积极发展循环经济，实施工业绿色发展战略。

2. 完善相关法律法规和财税制度。

3. 加强自然生态系统保护与修复。加强林草植被及湿地保护与建设，保护与提升耕地质量，强化自然海岸线、自然保护区的管理，积极治理水土流失和沙化等现象。

4. 推进重点环境问题治理。加强水资源保护，实施大气污染综合防治，完善土壤环境监测网络，实施矿山生态环境保护与恢复治理。

5. 加强生态安全监测与研判。探索建立生态安全监测预警体系，建立完善生态安全动态监测网络，有效管控由生态环境问题引发的社会事件和公共危机。

It should be fully understood that ecological security protection is a long-term, complicated and difficult task. Therefore, to make the systemic program of ecological restoration work, we need to:

1. Pursue the national strategy of boosting green industry, enhance the managing of national land and resource development, and nurture a circular economy.

2. Improve relevant laws and regulations, and better the financial and taxation systems concerning ecological security.

3. Strengthen ecosystem protection and restoration with focuses on the building and protection of vegetation and wetlands, on the protection and improvement of arable lands, the better management of coastlines and nature reserves, and on the reduction of land erosion and desertification.

4. Push forward with the governance of major environmental issues in terms of the prevention of water and air pollution, the improvement of soil environment monitoring networks and the ecological restoration of mine reclamation.

5. Strengthen the supervision and assessment of ecological security, by establishing a pilot system and a dynamic network to monitor ecological developments, and by working out effective ways to manage social disturbances and public crises caused by ecological environment issues.

第三节　热门电影赏析

《帝企鹅日记》以纪实并辅以旁白的手法，描绘了帝企鹅在南极恶劣的气候条件下，靠着强大的意志力，为了生存和繁衍而进行的艰苦旅程。地球的温室效应，正威胁着这个美丽无辜的可爱族群。如果人类希望以后还能目睹活泼可爱的企鹅，必须从现在开始保护环境，维护生态安全。

一、剧照欣赏

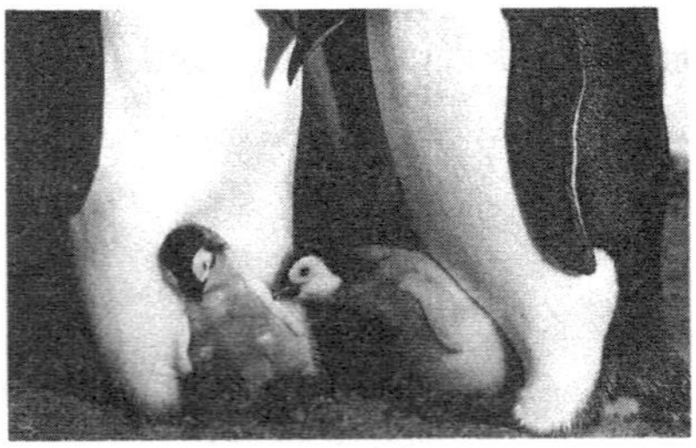

二、剧情介绍

《帝企鹅日记》是由吕克·雅克执导的一部生态纪录片，以纪实并辅之以旁白的手法，描绘了帝企鹅在南极气候极度恶劣的条件下，靠着强大的意志力生存和繁衍的故事。

在天寒地冻的南极洲，企鹅面临的生活环境选择非常有限：北部气候相对温和，有广阔的海洋和充足的食物；南部终年积雪，气候寒冷，食物短缺，但生态相对稳定，没有天敌的追击。为了使刚出生的小企鹅不受天敌的威胁，帝企鹅这个坚强而可爱的物种，离开了安逸的北部，踏上长达几百公里的危险旅程，前往寒冷的南部。

到达目的地之后，经过了求偶、相爱和婚礼仪式，帝企鹅爸爸和妈妈结合了。帝企鹅妈妈在冰天雪地里产卵，爸爸接续孵卵，妈妈又不远万里，花 20 天的时间长途跋涉前去海里觅食。在此过程中，它们还要防备天敌的突袭。这一切只为了物种的繁衍。看起来柔弱笨拙、容易受伤的帝企鹅，在从北部前往南部繁殖的漫长旅程中表现出了顽强的生命力。

影片展现了几千年来荒无人烟的南极大陆内部，帝企鹅的勇气、抗争、爱情与亲情，具有震撼人心的力量。

三、热点影评

为了提高大家批判性思考的能力，我们为大家提供不同角度的影评，大家可以在阅读之余，形成自己的观点。

1. 正面影评

《帝企鹅日记》是一部老少皆宜的电影。影片画面美妙绝伦，视觉效果极佳，时而诗情画意地高唱生命的赞歌，时而又展现出生命凋零的残酷。影片真实地呈现了帝企鹅家族迁徙的漫长历程，令观众无不惊叹它们的生生不息。

影片的第一人称旁白能使观众产生很强的代入感。场景时刻牵动着观众的心弦。当人们看到帝企鹅在冰冷大陆上经受磨难而绵延生息时，不禁赞叹生命的奇迹；而目睹小企鹅离世的悲伤场景时，人们又忍不住泪流满面。

《帝企鹅日记》的成功不仅是因为它唯美而诗意的画面，更在于它成功地讲述了帝企鹅关于爱的故事，塑造了帝企鹅笨拙却不失可爱、专情、无私和坚韧的形象。在几千年来荒无人烟的南极大陆上，帝企鹅倔强抗争、坚贞不渝，具有震撼人心的强大力量。在最冷的地方有着最温情的爱意。

网友评论节摘：

网友1：

这部电影使我意识到：帝企鹅是多么超凡脱俗，而我们人类又是多么令人失望。

网友2：

全家倾巢出动去看这部电影吧！我和妈妈、姐姐、祖父一起坐在大屏幕前，这样走出影院，就可以一起来赞叹这些神奇的企鹅了。

2. 负面影评

电影的旁白不尽如人意。英文版配音者摩根·弗里曼，为企鹅的苦难之旅强行添加人性的光辉。这虽然使叙事迎合大多数观众的口味，却给人一种居高临下、颐指气使的味道。人类其实很难对动物的情感感同身受，大多是在以自我为中心地强行加戏。

另外，影片操控了观众的情感好恶。比如，影片将企鹅的天敌海狮表现成贪婪的恶棍形象，而实际生活中的海狮常常憨态可掬。不能为了吸引观众的目光，就将复杂、神秘的形象做扭曲而平面化的处理。

网友评论节摘：

网友1：

电影的旁白将人类情感强加于动物身上，人类如何能知道企鹅的感受呢？

网友2：

配音及配乐违反了纪录片的基本原则，也确实没有必要，本来就是一件很自然的事，加上拟人化的配音之后反而显得矫情。

第四节　电影分析与思考

人类利用科技改造世界的同时，也在不断破坏生态平衡、危及生态安全。于是，人类也在不断地反思、批判人类与自然二元对立的思维模式。《帝企鹅日记》这部纪录片，以诗意的语言记录了帝企鹅在冰原上繁衍生息的动人画面，表现了创作者尊重自然、回归自然的生态主义思想。

第一，电影的动物叙事视角，批驳了人类中心主义意识。画外音选取了男声、女声和童声，分别代表了帝企鹅爸爸、妈妈和宝宝，以拟人化的视角讲述了帝企鹅在冬季的迁徙、求偶、生育、觅食及抚养后代的过程。观众会不由自主地被代入到故事中，仿佛观看的不是动物的生存斗争，而是人类家庭的悲欢离合。电影表现了帝企鹅对爱情的忠诚和热烈，将它们的结合比作新婚的舞蹈。帝企鹅将脖颈弯成优美的弧度，鸟喙相依相偎呢喃低语。动物之间的相亲相爱、默契和谐，胜过人类世界的丑陋和阴暗。

第二，“帝企鹅远征”的崇高化叙事，给予其英雄史诗的味道。皑皑白雪覆盖在极寒冰原上，漫长的冬日扼杀了生命活力，只有帝企鹅勇敢地向寒冷宣战。在“太阳和月亮在天空中会合的那一天”，帝企鹅踏上了远征的艰难历程。电影画外音称这是“伟大的一天”。它们一一从冰面下钻出来，抖抖身上的雪和水，迈着笨拙的步伐，结伴列队前行。帝企鹅在冰风雪暴中前行的勇气和坚持，具有震撼人心的力量。

第三，电影镜头对变幻的自然画面的捕捉，将观众代入了和谐的生态环境中。尽管在极寒之地，自然的美依然被淋漓尽致地展现出来。阳光在天空中闪耀，星星画出美丽的图案，大地发出幸福的震颤。远处的冰山躺在地上，像被击倒的流浪汉。凛冽寒风里，帝企鹅挤作一团，抱团取暖，忍受着生命的极限。寒风过后，帝企鹅们又在阳光中享受着生命赋予的美好。而夜晚又像仙女的舞蹈，从一颗星跳到另一颗星。电影从帝企鹅的视角，渲染着大自然的神奇与美妙。

第四，在自然世界中，生命既脆弱又充满活力。帝企鹅爸爸和妈妈成亲后第三个月，幸福的时刻来临——洁白的羽毛下出现了企鹅蛋。这些尚未破壳而出的小生命，是那么脆弱，它们要挨过寒冬，才有生存的希望；而那掉队迷路的成年企鹅，在荒原里孤独地死去；寒冷张开大口，吞噬了急于破壳而出的企鹅宝宝；还有生命定格在寒冷中的小企鹅，妈妈发出了心碎的哀鸣。帝企鹅把蛋藏在肚皮下面，用双脚拖着，温暖的羽毛藏起微弱的心跳。妈妈小心翼翼地把蛋传给爸爸，因为她要义无反顾地踏上第二次征途，饥肠辘辘地到海里去觅食。电影用美好的画面美化了残酷的生存法则，凸显了和谐美好的自然生态。最终帝企鹅以顽强的生命力战胜了严冬，历尽千辛万苦繁衍生息。

整部电影以诗意盎然的影视语言，给观众以震撼和启迪。生态安全不仅指自然生态环境，还包括人工生态系统。全球变暖、臭氧层空洞、植被遭破坏、海平面上升、生物多样性减少等一系列环境问题，向人类敲响了警钟。而人类的可持续发展，需要健康和谐的自然生态环境。《帝企鹅日记》借助独特的视角，为人类展示了自然的奇迹和动物的尊严，使人类意识到维护生态安全是每个人的义务和责任。

第十二章

资源安全

RESOURCE SECURITY

第一节　你身边的威胁

资源安全是一个国家或地区可以持续和稳定地获取所需自然资源的状态。资源是人类生存与发展不可或缺的自然物质，资源安全在国家安全中占有基础地位。

每天，我们身边都发生着很多威胁国家资源安全的事件，而这些事件也随时会影响我们的生活。

新闻概要

一、国内议题

1. 我国水资源形势严峻

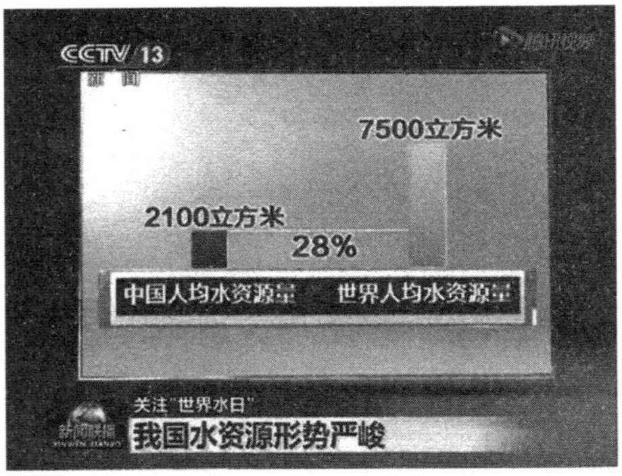

中国的水资源总量整体可观，人均水资源量超过2000立方米。这不仅高于水资源紧张警戒线（1700立方米），也远远超出了水资源短缺（1000立方米）和严重短缺（500立方米）的警戒线。但当前我国水资源依然面临严峻的形势，主要集中在以下几个方面。

第一，我国水资源空间分布不均匀。华北地区人口占全国的1/3，而水资源只占全国的6%。我国的西南地区，人口占全国的1/5，但是水资源占有量却在46%。中国80%的水资源都集中在南部，导致北部地区有8个省份严重缺水、4个省份缺水，而新疆和内蒙古大部分地区为沙漠。

第二，资源性缺水及水污染严重。我国每年没有处理的水的排放量是2000亿吨，这些污水造成了90%流经城市的河道受到污染，并且日益严重。

所以在南方地区，资源不缺水，但是水质性缺水严重。加强对水污染和土壤污染治理的投入，将有利于增加整体资源量。

第三，地下水过度取用。北京地下水位从新中国成立初期的 5 米变成当前的 50 米，地下水位每年下降将近 1 米，因此造成了地面沉降。

第四，水环境破坏严重，水资源浪费严重。

水将是中国能否如期实现民族复兴的掣肘，将节水提上议程刻不容缓。①

2. 中国累计退耕还林还草超 5 亿亩

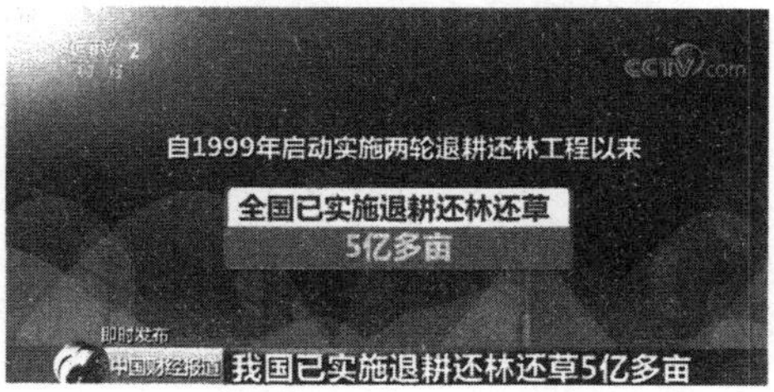

2019 年 9 月 5 日，全国退耕还林还草工作会议在陕西延安召开。会议指出退耕还林还草工程的实施取得了显著的生态、经济和社会效益。工程实施 20 年来，全国累计实施退耕地还林还草 1.99 亿亩、荒山荒地造林 2.63 亿亩、封山育林 0.46 亿亩。通过一“退”一“还”，林草植被大幅增加，风沙危害和水土流失得到有效遏制，生态状况显著改善。

全国有 4100 万农户参与实施退耕还林还草，1.58 亿农民直接受益，经济收入明显增加，增收渠道更加稳定多样。退耕还林还草工程将贫瘠的低产耕地变为绿色的金山银山，有力助推农民脱贫致富的同时，优化了土地利用结构，促进了农业结构由以粮为主向多种经营转变、粮食生产由广种薄收向精耕细作转变，许多地方走出了“越穷越垦，越垦越穷”的恶性循环，实现了地减粮增、林茂粮丰。

同时，实施大规模退耕还林还草为增加森林碳汇、应对气候变化、参与全球环境治理作出了重要贡献。

退耕还林还草工程已经成为我国乃至世界上资金投入最多、建设规模最

① Charles Parton，“China Is Heading Towards a Water Crisis: Will Government Changes Help?”，2018 年 5 月 9 日，见https://www.chinadialogue.net/article/show/single/ch/10583-China-is-heading-towards-a-water-crisis-will-government-changes-help-.

大、政策性最强、群众参与程度最高的重大生态工程。①

二、国际议题

1. 美国减少对沙特石油的依赖

2019年9月，沙特的两处石油生产中心遭到无人机的袭击。此次袭击影响了该国一半左右的出口能力，约占全球5%的原油供应，致使本月16日早些时候油价暴涨20%。

早在袭击之前，美国页岩气产量的增长，使得美国对沙特石油的依赖比以往更小。尽管预期美国石油增长放缓，但美国能源情报署预计，2019年10月，美国页岩油日产量将超过884万桶，比9月增加7.4万桶，比2018年10月增加近123万桶。据预测，2020年底美国石油日产量将增长近100万桶，接近1350万桶。

由于供应充足，沙特遭到的袭击对美国经济和国内汽油价格的影响将非常有限。美国可能会取代部分沙特轻质原油。②

2. 德国实现"100%可再生能源地区"的策略

德国的环境与能源目标（单位：%）

项目	2011年	2020年	2030年	2040年	2050年
减少温室气体（与1990年比较）	26.4	40	55	70	80～95
可再生能源比例/电能	20.3	>35	>50	>65	>80
可再生能源比例/最终消费	12.1	18	30	45	60

来源：联邦经济部、联邦环境部

德国决定在2022年之前停用所有核电站，提出了到2030年，使可再生能源占到总发电量的50%，到2050年占到80%以上的国家目标。因为各地区的可再生能源资源参差不齐，所以，在可再生能源资源丰富的地方，这一比例要达到100%甚至更高。

---

① 参见严冰：《中国累计退耕还林还草超过5亿亩》，人民日报海外版2019年9月6日。

② 参见 Nathan Bomey，"Why the U.S. Is Less Dependent Than Ever on Saudi Oil"，2019年9月16日，见 https://www.usatoday.com/story/money/2019/09/16/saudi-arabia-oil-attack/2341141001/.

扩大可再生能源发电的开发意味着增加资源量丰富的风力以及太阳能的发电量。但二者的发电量受天气影响，如果可再生能源达到100%，就会产生发电量超过或是大幅低于当地需求的情况。这就需要从境外输入电力，或向境外输出。地区的电力消费量减去地区利用风力及太阳能生产的发电量，剩下的部分称为“剩余电力”，而风力及太阳能发电会有变动，因此要想提高可再生能源的比例，剩余电力就必须是能够吸收风力等发电量变化的灵活电源，而且还需要具备足够应对天气变化的容量。天然气与生物质的热电联产可满足这个条件。抽水和蓄电池虽然灵活，但自身无法发电，而且容量有限。

为提高可再生能源的比例，生物质备受期待。德国等欧洲各国拥有丰富的森林资源，而且牧畜业发达，牲畜粪便排放量大。此外，这些国家大量种植玉米等燃料作物。木片可作为固体生物燃料，牲畜粪便和玉米等则通过微生物发酵生成沼气。但开发生物质发电也面临着不少课题。作为风力和太阳能的补充能源，生物质发电不仅有可能得不到有效利用，而且还需要照顾与热需求之间的平衡。这些问题需要逐一解决，并吸引足够的投资。①

第二节　资源安全理论

资源安全是国家维护政治安全和军事安全的基础，是社会平稳可持续发展必不可少的安全要素，是贯彻落实改革发展各项工作的重要前提。

一、资源安全的含义

从国家安全的角度看，资源的构成包括水资源、能源资源、土地资源、矿产资源等多个方面。资源安全的核心是保证各种重要资源充足、稳定、可持续供应，在此基础上，追求以合理价格获取资源，以集约节约、环境友好的方式利用资源，保证资源供给的协调和可持续。

---

① 参见［日］山家公雄：《实现“100%可再生能源地区”的策略》，人民网2013年12月5日。

资源作为战略保障，是国家维护政治、军事安全的基础，是经济社会平稳可持续发展必不可少的要素。由于资源是环境的一部分，因此又与生态安全息息相关。

二、当前我国面临的资源安全问题

我国既是世界主要的资源生产大国，也是世界主要的资源消费大国，资源禀赋总体并不优越。长期以来，由于重经济发展、轻环境保护，生态环境和水土资源处于不同程度的失衡或危机状态。当前，全国资源问题具体表现为以下四个方面。

1. 水资源供需矛盾突出

我国水资源总量居世界第六位，但人均占有量仅为世界人均占有量的28%，且时空分布严重失衡。用水方式粗放，华北、西北等地区水资源、水环境承载能力严重不足。

2. 土地资源形势严峻

我国人多地少，耕地后备资源十分有限，土壤侵蚀、沙化、污染情况严重。资源的无序开发和粗放利用，导致水土流失，优质耕地、生态用地被大量占用，出现江河断流、湖泊干涸、地下水位下降、水质和土壤污染等问题，资源环境难以承受。

3. 资源对外依存度过高

我国资源总量大、人均少、质量不高，一些主要资源人均占有量普遍低于世界平均水平。2019 年，我国石油对外依存度达 70.8%，铁矿石的对外依存度在 80% 以上，预计未来净进口品种还将增加，主要资源对外依存度将维持高位，战略性小品种矿产对外依存度将加深。

4. 资源开发利用水平不高

过去对矿产资源的高强度开发，特别是优势资源大量出口发达国家，导致国内资源大量消耗，削弱了我国资源的可持续供应能力。总体上，我国资源开采方式粗放，资源浪费严重，环境污染问题突出。由矿产开采引发的生态破坏问题造成了高昂的经济成本和社会成本。

三、维护我国资源安全

资源是各国争夺的焦点，要维护我国资源安全，必须加强谋划，综合施策，重点做好以下工作。

1. 既要坚持立足国内，又要充分利用国际资源

要坚持立足国内，一方面，加大矿产等资源的勘查力度，争取取得突破，增加国内资源储量；另一方面，合理规划矿业等的规模，高度重视优势资源保护。同时，鉴于我国的资源禀赋特性，保障资源安全必须充分利用外部资源，减少国内资源消耗并保护环境。综合采取加大海外资源权益投资、强化储备应急能力建设、加强运输通道保障等多方面措施，提升我国对境外资源的掌控力，增强话语权和定价权，变依赖国际资源为运筹国际资源，切实保障海外资源安全供应。

2. 着力提高资源开发利用水平，坚持资源开发和环境保护并重

高度重视资源节约，加快转方式调结构，着力构建资源节约型社会，减轻对资源的依赖，有效降低资源消耗强度。加强资源开发利用的生态监管，严格环境管理和执法，着力治理由资源开发利用造成的环境污染，推动资源利用与环境保护相协调。加大科技创新力度，推动资源行业由大变强，不断提高资源利用和深加工水平，解决高端产品和装备对外依赖问题，推进资源的全产业链安全，为资源安全提供强大支撑。

3. 坚持底线思维，着力防范资源对外依赖可能导致的极端风险

我国资源安全存在石油对外依存度较大，资源进口运输通道单一且安全保障能力不足等突出软肋。因此，要吸取有关国家遭遇封锁、禁运等情况的教训，坚持底线思维，健全预防预备体系，完善应急处置预案，提高抵御极端风险挑战和应急状态的能力。

附：

资源安全理论要点（中英对照）

从国家安全的角度看，资源的构成包括水资源、能源资源、土地资源、矿

产资源等多个方面。资源安全的核心是保证各种重要资源充足、稳定、可持续供应，在此基础上，追求以合理价格获取资源，以集约节约、环境友好的方式利用资源，保证资源供给的协调和可持续。资源作为战略保障，是国家维护政治、军事安全的基础，是经济社会平稳可持续发展必不可少的要素。

From the perspective of national security, resources consist of water, energy, land and minerals. At the core of resource security is the abundant, steady and continuous supply of major resources, and then the acquisition of resources at reasonable prices and the utilization of resources in an intensively economic and environment-friendly way to guarantee the coordination and sustainability of resource supply. Resources, as a strategic guarantee for national security, is the foundation for a nation to maintain its political and military security and an essential element for the stable and sustainable development of its economy and society.

我国当前面临的资源安全问题具体表现为：

1. 水资源供需矛盾突出，人均占有量仅为世界人均占有量的 28%，且时空分布严重失衡；用水方式粗放，华北、西北等地区水资源、水环境承载能力严重不足。

2. 我国人多地少，耕地后备资源十分有限，土壤侵蚀、沙化、污染情况严重，土地资源形势严峻。

3. 我国资源总量大、人均少、质量不高，一些主要资源人均占有量普遍低于世界平均水平，资源对外依存度过高。

4. 资源开发利用水平不高，开采方式粗放，资源浪费严重，环境污染问题突出。

Resource security challenges facing China at present include:

1. The prominent imbalance between water demand and supply. The per-capita share of water in China is only 28% of that of the world. And the time and space distribution is seriously imbalanced. Water is used in an extensive manner in the north and northwest regions of China, leading to a serious deficiency of water resources and environmental carrying capacity in these areas.

2. The severe situation of land resources, which results from the distinct lack of land for the large population, the limited reserves of arable lands, and the serious problems of soil erosion, desertification and pollution.

3. The excessive dependence on imported resources, due to the low quality and low per-capita share of domestic resources despite the large amount in total, with the per-capita share of some major resources generally lower than the world average.

4. The low efficiency of resource exploitation and utilization, caused by extensive resource extraction, severe waste of resources and prominent environmental pollution.

维护我国资源安全，重点要做好以下工作：

1. 既要坚持立足国内，又要充分利用国际资源。加大矿产等资源的勘查力度，增加国内资源储量；合理规划矿业等的规模，高度重视优势资源保护。同时，要减少国内资源消耗并保护环境，提升我国对境外资源的掌控力，切实保障海外资源安全供应。

2. 着力提高资源开发利用水平，坚持资源开发和环境保护并重。加快转方式调结构，着力构建资源节约型社会；加强资源开发利用的生态监管，严格环境管理和执法；加大科技创新力度，为资源安全提供强大支撑。

3. 坚持底线思维，着力防范资源对外依赖可能导致的极端风险；健全预防预备体系，完善应急处置预案，提高抵御极端风险挑战和应急状态的能力。

In order to safeguard its resource security, China should prioritize its efforts in:

1. Maintaining a domestic foothold and taking full advantage of international resources at the same time. Efforts to explore mineral resources should be intensified to increase its resource reserve at home. Reasonable planning should be done to determine the scale of the mining industry, and high attention paid to the protection of advantageous resources. In the meantime, the consumption of its domestic resources should be reduced without damaging the environment, and its control over resources abroad be improved for the safety of overseas resource supplies.

2. Improving the efficiency of resource exploitation and utilization, and giving equal emphasis on resource development and environmental protection. China

needs to step up structural adjustment and growth mode transformation to develop into a resource-saving society, enhance the ecological monitoring on resource exploitation and utilization, work for better environmental governance and stricter law enforcement, and put more efforts in scientific and technological innovation to provide stronger support for resource security.

3. Endeavoring to avoid possible extreme risks caused by excessive dependence on foreign resources with the worst-case scenarios always kept in mind, and improving its ability to fend off extreme risks, challenges and emergencies with better preventive preparation systems and sounder emergency response plans.

第三节　热门电影赏析

《应许之地》这部电影改编自纪录片《天然气之地》，讲述了天然气公司的两个职员来到小镇寻找天然气的故事。作为战略资源，天然气对社会经济发展意义重大，与资源安全密切相关。同时，由于资源是自然环境的一部分，因此又与生态安全相关。如何才能更好地以环保的方式获取并利用资源，同时实现资源供给的可持续性，是本片留给观影者的思考。

一、剧照欣赏

二、剧情介绍

麦金利山附近有个田园小镇，那里被发现有丰富的天然气储备。一家大型天然气公司委派销售员史蒂夫·巴特勒和苏·托马森来到这里说服镇上居民签订天然气开采的合同。

这座小镇由于经济衰退呈现一片颓败之景。史蒂夫和苏想当然地认为，小镇居民肯定会无条件地接受他们公司的油气勘探提议，将农田卖给公司来进行能源开发。二人隐瞒了能源开采过程中可能造成的环境污染。

事态的发展却令这对搭档始料不及。首先是镇上德高望重的老教师弗兰克·叶茨向全社区发出环保号召，史蒂夫又喜欢上了美丽的教师爱丽丝。能言善辩的激进环保主义者达斯汀·诺贝尔也闻风而至，煽动当地居民为保护环境奋起反抗。

后来，达斯汀的真实身份暴露了，他也是来争抢天然气开发权的公司员工。最后，史蒂夫选择将真相告诉镇上居民，公司的能源开采计划也随之破灭。

三、热点影评

为了提高大家批判性思考的能力，我们为大家提供不同角度的影评，大家可以在阅读之余，形成自己的观点。

1. 正面影评

这是一部令人赞叹的上乘之作，值得反复观看，令人回味无穷。

本片的题材相当有意义，反映了能源垄断利益集团与中产阶级在某小镇的博弈。编剧委婉而克制地揭露了这类无良集团的丑恶嘴脸，导演更是采用温情片的模式刻意减弱本应凌厉的戏剧冲突。剧本可圈可点，足见马特·达蒙作为编剧的功力。

主演马特·达蒙收放自如，其邻家式的表演成为全片最大的亮点。其他演员的演技也出神入化，尤其是女演员弗朗西斯·麦克多蒙德的演绎令人难忘，完全有竞争奥斯卡金像奖的潜力。

这部电影叙事流畅，方法新颖独到，有别于传统叙事。故事节奏虽然缓慢，却需要观众全情投入，这样才有充足的时间来思索和品味这些出乎意料的情节设置。尤其是电影结局的反转令人印象深刻。

影片运镜技术娴熟，制作精良，画面优美。

电影针砭时弊，又趣味盎然，不容错过，绝对应该置于必看榜单前列。

网友评论节摘：

网友1：

我相信这部电影有很多超前的探索，值得反复观看。

网友2：

这部影片除了结尾过于主旋律，整体都很不错。影片中的小镇美得让人没法呼吸。

2. 负面影评

这部电影表现了大公司资源开发和原住民维护社区环境之间的冲突。编剧马特·达蒙和导演格斯·范·桑特极力在影片中推行自己的环保主张，却没有成功。影片的环保观点缺乏说服力，没能真正打动观众。虽然抛出了反对用水力压裂法开采油气的主张，也鼓励观众去探索发现真相，但实在没有办法不将这部影片当成环保宣传的工具。

这部电影的人物形象简单化，刻画得并不到位。影片中的环境保护主义者显得可笑至极，大公司也尽显贪得无厌的丑态。

电影情节平淡、温吞，缺乏高潮，很多该有的细节都被模糊处理，很多观众反映看得很累很无味。即使情节有反转也令人昏昏欲睡。虽然是美国乡村的真实写照，却让观众感到乏善可陈。

网友评论节摘：

网友 1：

这是一部政治正确的影片，但并没有达到预期的宣传效果，没有给观众留下太多深刻的印象。

网友 2：

不太喜欢影片的温情结尾，有点把格局做小了。这个故事大部分时间很暧昧，在态度上也模糊不清。

第四节 电影分析与思考

电影《应许之地》围绕一起天然气开采事件展开。在美国麦金利山附近的田园小镇上发现了价值上亿美元的天然气，GLOBAL 公司派遣员工史蒂夫·巴特勒和苏·托马森前去说服当地居民，同意合作一起开采天然气。影片主要分三个阶段，讲述了当地居民在开采天然气发展经济与保护环境之间如何抉择的曲折过程。

第一阶段，GLOBAL 公司派遣史蒂夫·巴特勒和同事苏·托马森一起到小镇说服当地居民同意合作。作为一个典型的农业小镇，小镇近年来经济持续衰退，逐渐呈现出颓废衰败的景象。史蒂夫是从农场走出来的男孩，家乡农场的衰败经历让他不得不远离家乡到大城市工作。史蒂夫的亲身经历让他以为自己很了解小镇当地居民的需求，因此他断定这会是一份轻而易举的工作，谈判肯定会很顺利，他们只需要在小镇做短暂的停留便能大功告成。谈判的初始阶段确实进展得很顺利，当地官员也都支持天然气的开采。

第二阶段，在谈判工作一切进展顺利的时候，当地一位名叫弗兰克的老师告诉小镇居民，开采天然气并不像他们想象得那么美好，会污染水源。因此，弗兰克提出要让整个镇子上的所有居民都进行投票，以决定是否开启天然气的开采。与此同时，一名自称来自环保组织“雅典娜”的年轻人达斯汀·诺贝尔的出现，更是让谈判走向低谷。达斯汀提出，自己家乡因为开采石油而遭到环境破坏，大量动物死亡，这加剧了当地居民对开采天然气的抵触情绪。

第三阶段，当谈判工作难以推进的时候，史蒂夫突然收到了一份材料。材料证明达斯汀拿出的动物因开采石油而死亡的证据是假的，与此同时，史蒂夫发现达斯汀并非真的来自环保组织，其真实身份竟和自己一样，也是 GLOBAL 公司的员工。GLOBAL 公司不愿将这么重大的项目完全放在史蒂夫和苏的身上，更不想通过投票表决使项目搁浅，所以派遣达斯汀通过另外一种方式引导当地居民相信开采天然气对他们是有好处的。但是，在故事的结尾，史蒂夫还是选择了将真相告诉小镇居民，GLOBAL 的合作开采计划因此破灭。

《应许之地》是一部与资源开采密切相关的影片，片中与资源安全相关的话题主要体现在以下两个方面。

第一，资源作为战略保障，是国家维护政治、军事安全的基础，更是经济社会平稳可持续发展必不可少的要素。影片中，GLOBAL 这一资产百亿级的跨国能源公司每年花费大量资金购买天然气，不择手段地迫切希望达成开采协议，声称开采天然气可以带动小镇的经济发展，让当地居民摆脱贫困，这些情节说明了天然气作为资源的重要性。资源是经济发展的命脉，是国民经济发展和人民美好生活的重要保障。近年来，石油、天然气产品在我国居民的生活中也扮演着重要角色，我国也日渐成为石油、天然气进口大国，石油、天然气等能源与国民经济发展、社会长治久安的关系越来越密切。

第二，在获取资源的过程中，人们应当采取集约节约、环境友好的方式，保证资源供给的协调性与可持续性。影片中令当地居民产生分歧，并最终决定不开采天然气的重要原因就是开采天然气会污染土壤和水源。对于世代居住于此的居民来说，如果土地资源和水资源受到污染，他们和子孙后代将没有容身之地。土地资源与水资源作为人类生存的基础资源，对于国家和人民都至关重要。过去人们以牺牲环境和资源消耗为代价的粗放型发展模式，已经不能适应当下可持续发展和人与自然和谐共生的发展理念与现实需要。近年来，党中央更是大力提倡环境保护和产能升级，习近平总书记提出“绿水青山就是金山银山”的科学论断，就是为了解决国家发展与资源消耗的问题，保证国家的可持续发展。

我国作为世界主要资源消费大国，资源禀赋总体并不优越，资源分布不均的矛盾突出。为了适应经济发展与居民生活需要，国家投入大量人力物力实施了西气东输、南水北调等重大工程，解决资源分布与使用的矛盾；同时，我国在国际上还不断拓展能源进口渠道，维护海上、陆地能源输送通道安全。资源安全，特别是能源安全问题已经成为关系国家经济社会发展的全局性、战略性问题，对国家繁荣发展、人民生活改善、社会长治久安至关重要。我国土地、水资源有限，石油、天然气等资源对外依存度高，面对这种现状，必须提倡绿色发展理念，加快推动产业转型升级，提高资源开发利用水平，坚持走可持续发展道路，既不能像影片中GLOBAL公司那样为了利益不惜破坏环境，也不能忽视经济发展的需要和人民对美好生活的向往。一方面，应当进一步推动改革开放，走全球化道路，在尽可能增加国内资源储量的同时，充分利用国际资源，提升我国对境外资源的掌控力，塑造维护我国资源安全的能力，在关键时刻能够化解、反制威胁我国资源安全的行为；另一方面，还要着力治理在资源开发和利用时所造成的环境污染，推动资源利用与环境保护相协调，坚持资源开发和环境保护并重。

第十三章

核安全

NUCLEAR SECURITY

第一节　你身边的威胁

核安全关系到人类安危，是国家安全的重要组成部分。它犹如普罗米修斯带到人间的火种，为人类发展点燃了希望之火，拓展了人类社会的美好前景。但相伴而生的危险也比比皆是，2011 年日本福岛第一核电站受大地震影响发生严重核泄漏，时至今日，福岛依旧宛如死城。

核能作为高效清洁能源，将越来越多地参与到平常百姓的生产生活中。可一旦出现安全事故，就会对环境和公众产生辐射影响，而且其影响长期难以消除。

新闻概要

一、国内议题

1. 中国政府发布首部核安全白皮书

2019 年 9 月 3 日，国务院新闻办发表《中国的核安全》白皮书。这是中国发表的首部核安全白皮书。

白皮书全面介绍了我国核安全事业发展历程，阐述核安全的基本原则和政策主张，分享核安全监管的理念和实践，有效回应公众对核安全的关切，全面阐明我国倡导构建核安全命运共同体的决心和行动，将为加强核安全监管、提升核安全水平、推进全球核安全治理发挥重要作用。

白皮书全文约 1.1 万字，全面介绍了以法律规范、行政监管、行业自律、技术保障、人才支撑、文化引领、社会参与、国际合作等为主体的核安全治理体系。以中、英、法、俄、德、西、阿、日等 8 个语种发表，由人民出版社、外文出版社分别出版。

在中华人民共和国成立 70 周年、核安全观提出 5 周年、《中华人民共和国核安全法》颁布 2 周年之际，我国政府发表白皮书，具有深远历史意义和重大现实意义。白皮书强调，作为构建公平、合作、共赢的国际核安全体系的重要倡导者、推动者和参与者，中国在做好自身核安全的同时，认真履行核安全国际义务，大力推动核安全双多边合作，积极促进核能和平利用造福全人类，为全球核安全治理贡献了中国智慧、中国力量。①

2. 第五届“核你在一起”科普开放周活动在京举行

2019 年 8 月 26 日，中核集团主办的第五届“核你在一起”科普开放周活动在北京的中国核工业科技馆启动。本次活动的主题为“我参与、我了解、我支持”，在近一周的时间里，中核集团旗下六十余家单位同时对社会公众开放，展现中国核工业的历史和创新科技成果，增强社会认同感和影响力，为核工业发展营造良好的社会舆论环境。

“核技术应用，是利用放射性同位素和电离辐射与物质相互作用所产生的物理、化学及生物效应来进行应用研究与开发的技术。在环保、材料和食品加工方面，都有广阔的应用前景。”中国原子能科学研究院院长薛小刚介绍，特别是原子能科学研究院利用核技术助力“健康中国”“平安中国”“美丽中国”，取得了一系列成果。

核技术在医学上的应用，首先一个领域是质子治疗，其被看作未来最有发展前景的治癌手段之一；另一个大领域是放射性药物，在诊断、治疗疾病上具有不可取代的独特优势。其次，中国原子能科学研究院的反恐安检产品已进入民航、海关、铁路、城市轨道交通、大型活动赛事等领域，被反恐安检专家誉

① 参见《中国首部核安全白皮书发布》，搜狐网 2019 年 9 月 3 日。

为“核警察”。最后，核技术在环保方面也是一马当先，“燕龙”是中核集团在泳池式轻水反应堆五十多年安全稳定运行的基础上，针对北方城市供暖需求开发的一种安全、经济、绿色环保的堆型产品。利用核技术消解雾霾，过程虽艰难，但大有前景。①

二、国际议题

俄罗斯试验场发生爆炸

2019 年 8 月 8 日，俄罗斯在北德文斯克试验场测试液体导弹发动机装置时发生爆炸，造成俄罗斯国家原子能公司 5 名员工死亡。

事发当天，俄罗斯国家原子能公司的工程和技术团队正为推进系统进行“同位素电源”作业，发生事故的不是导弹。有专家表示，尽管试验涉及核导弹，但液体燃料并不会释放辐射。因为发生事故的放射性同位素电源与核反应堆中的链式反应不同，加热时放射性燃料会完全自然分解，不会产生辐射危害。

8 月 12 日，在莫斯科以东约 500 千米的萨罗夫市，为 5 名牺牲的专家举行了送别仪式。俄罗斯国家原子能公司核中心负责人科斯秋科夫说：“他们是俄罗斯核中心的精英，在极其困难的情况下进行了试验，是民族英雄。”②

第二节 核安全理论

核安全关乎人类的生存和发展。加强核安全、防范核恐怖主义是未来国际社会共同面临的重要挑战。中国是核能发展大国，要坚持理性、协调、并进的核安全观，把核安全进程纳入健康持续发展轨道。

---

① 参见《第五届“核你在一起”科普开放周活动在京启动》，光明网 2019 年 8 月 26 日；陈瑜：《变“辐”为“福” 我们身边的核技术正在造福生活》，人民网 2019 年 8 月 26 日。

② 参见 Barbara Starr, “Russia Nuclear Monitoring Stations Go Quiet after Blast”, 2019 年 8 月 19 日，见 https://edition.cnn.com/videos/world/2019/08/19/russia-nuclear-monitoring-stations-quiet-missile-facility-explosion-starr-nr-vpx.cnn.

一、核安全的含义

核安全是指对核设施、核活动、核材料和放射性物质采取必要和充分的监控、保护、预防和缓解等安全措施，防止出于任何技术原因、人为原因或自然灾害造成事故发生，并最大限度减少事故情况下的放射性后果，从而保护工作人员、公众和环境免受不当辐射危害。

维护核安全，既具有军事意义，即防范核威胁和核攻击，也具有非军事意义，即防范核犯罪、核事故所造成的核危害；既涉及国家与国家间的关系，即防范核武器扩散，也涉及国家与非国家行为体间的关系，即防范核材料被盗窃、走私，特别是要防范核武器、核材料落入恐怖分子之手。

二、当前我国面临的核安全问题

我国核安全形势不容乐观。核能与核技术利用事业快速发展使得核安全的任务剧增，核恐怖主义威胁日益凸显，地区热点核问题延宕难决，核安全问题的综合性、复杂性和多变性明显上升。当前，我国核安全问题具体表现为以下三个方面。

1. 周边国家核扩散形势严峻

核扩散主要是指有核武器国家增多。在我国周边，核扩散形势严峻。印度和巴基斯坦间的关系，存在导致核冲突的危险。朝韩、朝美关系的紧张也存在导致核冲突的危险。鉴于周边的核扩散局势，坚持核不扩散立场，是维护我国核安全的重要一环。

2. 核恐怖主义威胁加大

“9·11”事件后，恐怖主义已上升为世界各国面对的首要威胁。如果恐怖分子拥有大规模杀伤性武器，就是所称的“超级恐怖主义”。近年来，核能与核技术的广泛应用导致越来越多的核材料分散在世界各地，而一些国家和地区对这些核材料与核技术缺乏有效保护，核材料与核技术流失现象严重。一旦落入恐怖分子之手，将对人类造成严重危害。虽然国际上尚未发生核恐怖袭击，但是核材料与放射性物质丢失被盗事件不断发生，潜在风险很大。

3. 核电、核技术利用事业须防范事故风险

当今世界，核技术在能源、农业、医疗等领域的应用日益广泛。核技术的发展满足了社会的需要，也伴随核风险和挑战。1986 年切尔诺贝利核事故和 2011 年日本福岛核事故造成重大灾难，警醒世界各国必须确保利用核能的安全。我国已成为世界第二核电大国，其他与核电发展配套的核燃料循环设施也将相应增加。这样广泛的核能与核技术利用，对核安全提出了挑战。

三、维护我国核安全

任何以牺牲安全为代价的核能发展都难以持续，都不是真正的发展。只有采取切实举措，才能真正管控风险；只有实现安全保障，核能才能持续发展。这就要求必须加强事故预防，做好事故缓解，注重基础建设，提升能力建设，不断提升国家的核安全水平。

1. 安全第一、质量第一，保持我国核设施始终处于较高安全水平

为防患未然，要全面采取核安全保障举措。着力提高核安全技术水平，对全国核设施开展全面安全检查，确保所有核材料和核设施得到安全保障。制定核安全中长期规划，完善核安全法规体系，推进核安全工作机制化、法治化。

从国家安全角度统筹规划核设施发展，合理布局，科学选址，加强核设施建设质量保证和运行安全管理。并参照最新安全要求，实施安全改造。加强相关技术研发，加强相关基础科学研究。

提高核设施防范和应对自然灾害的能力。加强开展安全改进工程，消除安全隐患。加快放射性废弃物处置能力建设，推动放射性废弃物安全处置。建立实时监控报警系统，防止蓄意破坏。

2. 做好事故缓解和应急能力建设，有效减轻事故后果

做好事故缓解是有效减轻事故后果的重要手段。事故缓解是指当核事故发生时，迅速组织专业力量、装备和物资等控制事故，开展工程抢险，使核设施恢复到安全状态，最大限度防止、减少放射性物质向环境释放。应对核事故发生，减轻核事故后果，必须强化事故应急能力建设。

3. 夯实技术和管理基础，从根源上降低事故发生率

加强法规建设，努力建成层级清楚、定位清晰、关系明确的核安全法规体系。加强人才队伍建设。建立并保持一支与核事业发展相适应的政治过硬、作风优良、规模适当、结构合理的人才队伍。建立核领域国家级智库，服务国家核安全。加强技术基础建设，重视研发，突破一批关键技术。加强核安全文化建设，提升全行业核安全文化水平，让安全高于一切的核安全理念成为全社会的自觉行动。加强核安全保卫能力建设，防范涉核犯罪。提升核材料、核技术的管控能力，维护国际核不扩散体系。

4. 加强公众沟通，提升公众理性认知

建立健全与核安全相关的信息公开、公共宣传、公众参与和舆情应对制度。构建多维信息公开平台。加强核科普教育。推动媒体科学客观报道核科学相关信息，正确引导舆论。提升各级政府的舆情应对能力，建立部门间重大舆情危机应对联动机制。

5. 加强国际合作，维护国际核安全体系

加强国际合作，借鉴先进经验。加强合作研究、信息共享、经验反馈、培训交流、同行评估、应急响应与援助等领域的国际合作。积极开展双边、多边和区域核安全交流与合作，以互利共赢为途径寻求普遍核安全。积极履行各类国际公约，与国际社会共同应对核安全风险，提升全球核安全水平。

附：

核安全理论要点（中英对照）

核安全是指对核设施、核活动、核材料和放射性物质采取必要和充分的监控、保护、预防和缓解等安全措施，防止出于任何技术原因、人为原因或自然灾害造成事故发生，并最大限度减少事故情况下的放射性后果，从而保护工作人员、公众和环境免受不当辐射危害。

Nuclear security refers to the state in which necessary and adequate security measures are adopted to monitor, protect, prevent and mitigate nuclear facilities, activities, materials and radioactive substances, thus preventing accidents, whether caused by technical, man-made or natural reasons, and minimizing the radiological consequences in case of any accident so that the staff, the public and the environment are protected from undue radiation harms.

当前，我国核安全问题具体表现为：

1. 周边国家核扩散形势严峻。印度和巴基斯坦间的关系，存在导致核冲突的危险；朝韩、朝美关系的紧张也存在导致核冲突的危险。

2. 核恐怖主义威胁加大。一些国家和地区对核材料与核技术缺乏有效保护，核材料与核技术流失现象严重。一旦落入恐怖分子之手，将对人类造成严重危害。

3. 核电、核技术利用事业须防范事故风险。我国已成为世界第二核电大国，广泛的核能与核技术利用，对核安全提出了挑战。

Currently, China is faced with the following nuclear security challenges:

1. The grave situation of nuclear proliferation in its neighboring countries, with India and Pakistan in a strained relationship that may incur the risk of nuclear conflicts, and with North Korea facing tense relations to South Korea and the United States, which may lead to nuclear conflicts as well.

2. The growing threats posed by nuclear terrorism. The lack of effective measures to protect nuclear materials and technologies in some countries and regions has resulted in the loss of them, and it may inflict serious harm on humanity if they fall into the hands of terrorists.

3. The risk of accidents in the utilization of nuclear power and technologies, which must be prevented. As the second largest nuclear powerhouse in the world, China has extensive use of nuclear energy and technologies, which poses considerable challenges to its nuclear safety.

维护我国核安全必须做到：

1. 安全第一、质量第一，保持我国核设施始终处于较高安全水平；制定核安全中长期规划，完善核安全法规体系；加强相关技术研发及相关基础科学研究。

2. 做好事故缓解和应急能力建设，有效减轻事故后果。当核事故发生时，迅速开展工程抢险，使核设施恢复到安全状态；必须加强事故应急能力建设。

3. 夯实技术和管理基础，从根源上降低事故发生率。加强法规和人才队伍建设；建立核领域国家级智库，服务国家核安全；加强核安全文化和核保卫建设。

4. 加强公众沟通，提升公众理性认知。建立健全与核安全相关的信息公开、公共宣传、公众参与和舆情应对制度；构建多维信息公开平台；加强核科普教育。

5. 加强国际合作，维护国际核安全体系。积极履行各类国际公约，提升全球核安全水平。

To ensure its nuclear security, China has to:

1. Put safety and quality first to ensure its nuclear facilities are always in a high level of safety, make medium- and long-term plans for nuclear safety, improve the system of laws and regulations on nuclear safety, and strengthen technological research and development as well as fundamental scientific studies.

2. Enhance capacity building for accident mitigation and emergency response to effectively minimize the consequences. Specifically speaking, when a nuclear accident occurs, immediate action must be taken on emergency rescue to restore the nuclear facilities to a safe condition, and we must strengthen our capacity for emergency response to accidents.

3. Lay a solid technical and management foundation to reduce accident rate from the root, by working on laws and regulations, developing a professional team, establishing national think tanks in the nuclear field to serve national nuclear security, promoting nuclear safety culture, and improving nuclear protection.

4. Enhance mass communication and raise public awareness by improving the systems of information disclosure, publicity, public participation, and public opinion response related to nuclear security, by building up a multidimensional platform

of information disclosure, and by providing the public with better nuclear safety education.

5. Promote international cooperation to safeguard the international system of nuclear safety, and observe international conventions in an active manner to improve the nuclear security level worldwide.

第三节　热门电影赏析

人类对核的探索、利用和反思从未停止过，但核灾难是永远悬挂在人们头上的达摩克利斯之剑。艺术家们用极富想象力的情节、触目惊心的画面、充满张力的表演、让人不寒而栗的结局向人们展示了核灾难的残酷和恐怖。下面我们来分享电影《哥本哈根》，欣赏之余，可用相关理论进行分析。

一、剧照欣赏

二、剧情介绍

《哥本哈根》改编自英国著名作家迈克尔·弗雷恩的著名话剧，讲述了1941年物理学家尼尔斯·玻尔和沃纳·海森堡在哥本哈根发生的一系列故事。当时，人过中年的玻尔已经在核物理学界享有盛名，看似孤僻的他与盟军人员保持着私下往来。年轻的海森堡正领导着一个陷入困境的德国核能项目。这对曾经的师生兼挚友分别为纳粹与同盟国研究原子弹科学的立场使得他们在短暂会面后不欢而散。

海森堡来哥本哈根的目的是什么？两位在战争中效力于不同阵营的物理学家究竟会面谈些什么？为何两人的友谊会就此终结？这一切都像是迷。

三、热点影评

为了提高大家批判性思考的能力，我们为大家提供不同角度的影评，大家可以在阅读之余，形成自己的观点。

1. 正面影评

电影《哥本哈根》用简单的故事诉说了深刻而隽永的主题。总体而言，无论从内容还是电影艺术上来讲都带有神秘的色彩，让人欲罢不能。

两位老朋友玻尔和海森堡同样是杰出的物理学家，但却效力于不同的阵营，让人无奈又心痛。两位出色的男演员丹尼尔·克雷格和斯蒂芬·瑞将人物呈现得细腻准确、丝丝入扣，直击人心。

在科技给人类带来方便和进步的同时，我们也需要思考伦理和道德的问题。否则，发展的方向和带来的后果可能与科学家们的初衷背道而驰。电影中，对于两位善良、有才华的科学家来说，在心无旁骛和锲而不舍的追求后，等待着他们的可能是尴尬的境地、无言的痛苦和心灵的拷问。这在今天全球科技竞争愈演愈烈的时代，更有回味和反思的价值。

网友评论节摘：

网友 1：

好棒的电影，看后引发了我的严肃思考，它能够很好地呈现科学的伦理性。

网友 2：

我非常喜欢这部电影，将它推荐给所有愿意思考的朋友，这跟你对核物理学的知识了解多少没什么关系。

2. 负面影评

《哥本哈根》由弗雷恩创作于 1998 年，话剧在英美获得了空前成功。有些观众是话剧版的铁杆粉丝，他们认为电影无法带来同样的享受，认为导演没有呈现出剧本的精华，电影与话剧的节奏、语言和光影有很大差别。还有观众认为，电影版删去了剧作结尾的两段独白，非常遗憾地丢掉了点睛之笔。

网友评论节摘：

我在观看时都几乎快遗忘了这曾是我喜欢的那个剧本。希望有一部真正的电影版《哥本哈根》。

第四节　电影分析与思考

《哥本哈根》这部电影讲述了 1941 年两位犹太物理学家沃纳·海森堡与尼尔斯·玻尔在哥本哈根的秘密会谈。当时正值第二次世界大战，美国、德国、英国等都在紧锣密鼓地组织科学家研制原子弹，想要第一个制造出原子弹来。海森堡是当时德国的首席科学家，主持希特勒的原子弹制造项目。他来到哥本哈根，计划与恩师、丹麦量子学之父——玻尔会面。当时丹麦已被德国占领，玻尔夫妇对德国充满了憎恶，也对海森堡满怀敌意。此时的两位科学家已分处两个阵营。

海森堡是位物理学天才，他在1921—1927年同老师玻尔一起进行研究，提出了量子世界的混沌学——“量子测不准”原理。第二次世界大战打响之后，海森堡的内心被爱国的责任感和科学家的道义感这两种心理状态所撕扯，能否容忍自己的科研成果变成侵略者荼毒生灵的武器，这成为他最大的困扰。是否赶在美国人前面制成原子弹是摆在海森堡面前的道德抉择。一方面，饱受第一次世界大战战败创伤困扰的海森堡渴望祖国在第二次世界大战中崛起，而他也怕同盟国的核武器危及家人和同胞的安全；另一方面，一想到大规模杀伤性武器会给人类带来灾难，他又踯躅不前。

因为海森堡是犹太人，所以被德国纳粹监视窃听，还被秘密警察传唤询问。他冒着危险来找玻尔密谈，希望能通过玻尔与他国科学家达成默契，共同推迟原子弹制造的进程。玻尔夫妇却认为他是来刺探同盟国核武器制造情报的。但后来的事实证明，海森堡并不是没有能力使德国率先制造出原子弹来的。他已然洞悉了核反应堆的秘密，却故意不告诉纳粹反应堆可以产生钚，这样纳粹就不会继续注入资金，这样他便迂回地阻碍了德国制造原子弹的进程。

玻尔作出了不同的选择。他逃到美国，与爱因斯坦、奥本海默共同参与到“曼哈顿计划”中，并成功制造出了世界上第一颗原子弹。核武器给人类带来的痛苦，令玻尔陷入了深深的自责，后来他一直大声疾呼来限制核武器的使用。电影以回忆的叙事视角，来审视当年二人密谈时的相互试探、诘问，和他们对核武器试验的看法。玻尔站在丹麦的立场上，希望同盟国尽快胜利，他说：“在战争期间，每个人都有权利为自己的祖国竭尽全力。”海森堡则保持着高傲的道德独立，将人道主义倾注于科学研究。在他眼中，核武器这个神奇的高效率杀人机器，带来了令人心碎的结局，世上鲜活的生命有灭绝的危险，那样留给世界的将是终极的黑暗。电影中描写的这个神秘的夜晚，几乎改变了历史进程，也展现了科学家面对核武器制造的两难处境。核能研究带给人类的福祉，远不及它带给人类的灾难。影片中间插播了核爆炸带来的毁灭性场景，令人触目惊心。第二次世界大战之后，苏联、英国、法国、中国、印度、巴基斯坦等国的原子弹都已经试爆成功；伊朗、阿尔及利亚、朝鲜、日本、以色列等国都有核反应堆，即有制造原子弹的能力。所以一旦某个国家失去理性，核战争便一触即发，广岛的悲剧很可能重演。同时，核设施和放射性物质在日常维护的过程中，如果不加注意也可能发生安全事故，如1986年发生的切尔诺贝利核事故，核反应堆爆炸释放出来的放射性物质，辐射量相当于投放到日本广岛的原子弹的400倍，令欧洲一半区域遭受核辐射污染。这次核事故使30万人受影响，几万人死于癌症，这里成了无人区。

30多年过去了，核事故的阴影依然挥之不散。除此之外，某些国家的核材料和核技术欠缺管理，一旦落入恐怖分子之手，后果将不堪设想。另外，核能利用也对核安全提出了挑战。核能这个潘多拉的盒子已然打开，核猛兽就潜伏在我们的周围，人类需要时刻警醒。

这部影片提醒观众，核武器的制造与使用，会对人类的家园与健康产生难以估量的危害。核安全是当今世界每一个国家都不容忽视的重要议题。

第十四章

海外利益安全

OVERSEAS INTERESTS SECURITY

第一节　你身边的威胁

实现中华民族伟大复兴的中国梦就是要实现国家富强、民族振兴和人民幸福。在当今纷繁复杂的国际环境下，中国坚持走和平与发展的道路，既要勇敢地承担起应有的大国责任，又要坚决捍卫海内外国家利益。

新闻概要

1.《中国的海外利益蓝皮书 · 2017—2018》在京发布

2018 年 9 月 25 日，国家行政学院国际事务与中国外交研究中心、360 企业安全集团在京联合发布了《中国的海外利益蓝皮书 · 2017—2018》。

该蓝皮书综合研究 2017 年以来中国的海外利益发展新动向、新理论和新成果，是该系列蓝皮书的第二部研究成果，其中新增的中国海外网络安全利益的研究由 360 企业安全集团承担。

《中国的海外利益蓝皮书 · 2017—2018》主编、中共中央党校（国家行政学院）国际战略研究院副院长于军教授着重阐述了中国的海外利益与传统大国海外利益的根本性不同，包括实现方式的和平性、实现过程的共赢性，以及对世界经济和国际秩序的贡献性。

该蓝皮书指出，中国海外经济利益稳步增长，“一带一路”朋友圈不断扩大，建议借鉴国际经验构建有中国特色的海外利益保护体系。另外，中国海外利益的拓展和维护，越来越离不开信息化与网络安全的基础支撑。[①]

① 参见李政葳：《〈中国的海外利益蓝皮书 · 2017—2018〉在京发布》，新华网 2018 年 9 月 25 日。

2. 解放军赴老挝“和平列车”医疗队参与救援遭遇车祸同胞

正在老挝参加中国-老挝军队“和平列车-2019”人道主义医学救援联合演训暨医疗服务活动的中国人民解放军赴老挝“和平列车”医疗队，2019年8月20日携带急救药品和设备，前往琅勃拉邦参加对遭遇车祸同胞的救援行动。

8月19日下午，一辆载有中国游客的旅游大巴在老挝琅勃拉邦发生严重交通事故。车上共载有44名中国公民和2名老方人员。事故发生后，全国人民都很关心事故中遇难受伤的同胞。习近平主席高度重视，指示正在老挝参加中老“和平列车-2019”人道主义医学救援联合演训暨医疗服务活动的中方参演部队紧急开展救援行动。

中方参演部队迅即从训练转入实战，抽调精干力量、动用直升机等赶赴现场，有力有序展开救援工作，为救治伤员争取了宝贵时间。①

第二节　海外利益安全理论

海外利益，顾名思义，是指国家利益的海外延伸，关乎国家发展和安全大局。在现代国际体系之中，国家的成长必然伴随着海外利益的延伸与拓展。对于正走在民族伟大复兴道路上的中国来说，海外利益是国家战略筹划的重要内容之一。

一、海外利益安全的含义

海外利益是国家利益的重要组成部分。海外利益安全主要包括海外能源资

① 参见章建华：《我军赴老挝“和平列车”医疗队前去参与救援遭遇车祸同胞》，新华网2019年8月20日。

源安全、海上战略通道以及海外公民、法人的安全。

随着新一轮对外开放全面推进，特别是“一带一路”建设加快实施，海外利益安全日益关乎我国整体发展利益和国家安全，维护海外利益安全成为一项重要任务。

二、当前我国面临的海外利益安全问题

1. 部分地区局势和东道国政局动荡

近年来，西亚、北非地区局势持续动荡，特别是一些国家内战冲突不断，严重威胁我国企业、公民在当地的利益安全。此外，东道国政局动荡或政权更迭导致的政策调整、治安恶化等问题，也会影响双边合作项目进展。

2. 国际恐怖主义活动多发频发

国际恐怖主义活动对我国海外利益造成的威胁不容忽视。近年来，全球恐怖主义活动进入新一轮活跃期。国际恐怖主义活动猖獗，严重威胁我国海外项目和人员安全。

3. 重大自然灾害和传染病疫情时有发生

地震、海啸等自然灾害以及埃博拉等传染病疫情对海外中国公民的安全威胁日益凸显。

4. “一带一路”建设面临多重安全风险和挑战

“一带一路”建设广受国际社会赞誉，实施过程总体面临良好机遇，但同时各种安全风险和挑战也不容小觑，既面临沿线国家政局动荡风险，也面临地缘政治风险以及恐怖主义威胁。

三、维护我国海外利益安全

1. 完善工作机制

境外涉及我国的重大安全事件普遍具有突发性、复杂性和内外联动性等特征，应对工作往往涉及国内国外两个阵地、中央地方两个层面、政府企业两类主体，空间跨度大、处置头绪繁、涉及部门多、时限要求紧。这就必须建立并完善国家层面的海外利益保护机制，加强统筹协调。吸收医疗、救援、安保等多

领域力量和机构参与，不断完善中央、地方、驻外使领馆、企业、个人等多位一体的联动工作网络，全力维护海外中国公民、组织和机构的安全与正当权益。

2. 坚持预防为先

海外企业和个人要常存风险意识，了解风险源，提前发现风险点，规避各种危及海外利益的威胁。健全"走出去"服务保障体系，加强国别安全风险评估工作，完善境外安全风险预警和信息通报制度，指导境外公民和我国公民防范风险。

3. 推进安全合作

要充分发挥大国外交优势，推动有关国家从双边关系大局出发，加强对我国在当地人员和机构的安全保护。继续推进双多边反恐合作，尽量化解涉恐风险。积极开展自然灾害预防和应对、传染病防治等非传统安全领域国际合作，帮助有关国家提升防范应对能力，减少突发事件对我国海外利益的冲击。

4. 正确引导舆论

化解我国企业在海外面临的安全风险，营造客观友善的舆论环境至关重要。企业在海外投资经营要树立正确的义利观，坚持经济和社会效益并重，切实履行社会责任，为当地社会发展和民生多作贡献。此外，还要努力提升公共外交意识和能力，宣传互利共赢理念，及时澄清不实和负面报道，为企业在当地长期发展营造良好环境。加强对当地文化、风俗的知识普及，防止产生文化和法律方面的误解。

5. 重视"一带一路"建设安全

推进"一带一路"建设既要算经济账，也要算安全账。海外企业要时刻关注当地形势，提高风险意识，做好风险防范，制定并完善应急预案，提升风险处置应对能力。政府主管部门要对企业进行安全警示，助其防范应对各种威胁，必要时协调重大安全事件的处置应对工作。国内智库、研究机构和风险评估机构可对"一带一路"建设安全风险问题进行研究，为相关保障工作献计献策。

附：

海外利益安全理论要点（中英对照）

海外利益安全主要包括海外能源资源安全、海上战略通道以及海外公民、法人的安全。海外利益安全日益关乎我国整体发展利益和国家安全，维护海外利益安全成为一项重要任务。

Overseas interests security mainly includes the security of overseas energy resources, maritime strategic channels, and overseas citizens and legal persons. As it is in increasingly closer relations with China's overall development interests and national security, it has become an important task for China to maintain the security of its overseas interests.

当前我国面临的海外利益安全问题主要有：

1. 近年来，西亚、北非地区局势持续动荡，严重威胁我国企业、公民在当地的利益安全，也影响双边合作项目进展。

2. 国际恐怖主义活动多发频发，严重威胁我国海外项目和人员安全。

3. 重大自然灾害和传染病疫情时有发生，对海外中国公民的安全威胁日益凸显。

4. “一带一路”建设既面临沿线国家政局动荡风险，也面临地缘政治风险以及恐怖主义威胁。

Major challenges that China is at present confronted with include:

1. The persistent turbulence in West Asia and North Africa in recent years, which not only presents grave threats to the interests of local Chinese enterprises and citizens, but also affects the progress of bilateral cooperation projects.

2. Frequent international terrorist activities, which put China's projects and personnel overseas in danger.

3. The occurrences of major natural disasters and infectious disease epidemics, which pose increasingly prominent menace to the safety of Chinese citizens overseas.

4. The threats to the construction of the "Belt and Road" from political instability in countries along the routes, geopolitical risks and terrorist activities.

维护我国海外利益安全需要做到：

1. 要建立并完善国家层面的海外利益保护机制，加强统筹协调，全力维护海外中国公民、组织和机构的安全与正当权益。

2. 海外企业和个人要常存风险意识，规避各种危及海外利益的威胁；加强国别安全风险评估工作，完善境外安全风险预警和信息通报制度。

3. 推动有关国家从双边关系大局出发，加强对我国在当地人员和机构的安全保护；继续推进双多边反恐合作；积极开展非传统安全领域国际合作。

4. 要营造客观友善的舆论环境；努力提升公共外交意识和能力，及时澄清不实和负面报道；加强对当地文化、风俗的知识普及，防止产生文化和法律方面的误解。

5. 重视“一带一路”建设安全。国内智库、研究机构和风险评估机构可对“一带一路”建设安全风险问题进行研究，为相关保障工作献计献策。

In order to protect its overseas interests, China needs to:

1. Establish and improve the state-level protective mechanism for overseas interests, and enhance overall coordination to safeguard the safety, legitimate rights and interests of Chinese citizens, organizations and institutions abroad.

2. Remind companies and individuals overseas of having risk awareness to avoid possible threats to their interests, and put greater efforts on security risk assessments by country to improve the systems of security risk warning and information notifications abroad.

3. Motivate relevant countries to take into consideration the importance of their relations with China and strengthen their efforts to protect local Chinese personnel and organizations, continue to develop bilateral and multilateral anti-terrorism cooperation, and actively promote international cooperation in non-traditional security fields.

4. Foster an objective and friendly media environment, raise its consciousness and capacity of public diplomacy to make prompt clarifications about untrue and negative reports, and make the knowledge of local culture and customs widely

attainable to avoid cultural and legal misunderstandings.

5. Pay great attention to the safety of the "Belt and Road" construction by assigning to domestic think tanks, research institutions and risk assessment agencies the task of researching on security risks of the "Belt and Road" construction and brainstorming for better ways to safeguard its security.

第三节　热门电影赏析

《湄公河行动》这部电影根据"10·5中国船员金三角遇害事件"（湄公河惨案）改编，讲述了一支特别行动小组为破解中国商船船员遇难背后的阴谋，揪出运毒案件幕后黑手的故事。中国企业走出去后，海外利益保护被提上议事日程，海外利益安全关乎我国整体发展利益和国家安全，因此维护海外利益安全成为一项重要任务。

一、剧照欣赏

二、剧情介绍

2011年10月5日，两艘中国商船在湄公河金三角流域遇袭，13名中国船员全部遇难，泰国警方在船上发现90万粒冰毒。这宗枪杀13名中国船员的血腥冤案开启了悲剧的序幕。面对矛头指向中国运毒、颠倒是非的舆论，为了还遇难同胞一个清白，云南省缉毒总队队长高刚受命带特别行动小组前往泰国查明真相。为了将盘踞在金三角的大毒枭糯卡绳之以法，中国、老挝、缅甸开展了联合行动，集中对糯卡的制毒窝点进行扫荡。而高刚等人也深入最危险的境地，与丧失人性的贩毒分子进行惨烈的对决。

三、热点影评

为了提高大家批判性思考的能力，我们为大家提供不同角度的影评，大家可以在阅读之余，形成自己的观点。

1. 正面影评

电影充满正能量，通过展现我勇猛之师的正义行动来扬我国威，让人热血沸腾。

电影取材于真实事件，对于惨案发生的血腥现场进行了片段式还原，将凶徒的残忍与灭绝人性的行为展现得淋漓尽致，将行动小组的果敢智慧和雷厉风行呈现得惊心动魄。整个故事情节环环相扣、步步推进，不拖沓也不杂乱。

必须赞扬的是摄影，做到了许多电影可望而不可即的程度，导演林超贤不喜欢电脑特效，更迷恋实拍，所以剧组成员和演员都吃了不少苦，但实拍带来的观影体验和实拍效果更加真实而真诚。

电影在演员的服装、造型和台词上都下了功夫，在环境选择上也别具匠心。黑色的巷道、繁忙的商业中心、茂密的热带丛林以及开阔的水域都给观众带来独特而丰富的感受。

网友评论节摘：

网友1：

我简直被这部电影深深地吸引住了。尤其是对东南亚金三角毒枭的写实刻画真令人大开眼界！

网友2：

电影可圈可点的地方实在太多了。它绝不是《猎鹿人》《疤面煞星》《教父》等片子的复制品！

2. 负面影评

有观众认为，电影中的许多细节经不起推敲。比如，拯救被关押线人的行动，片中所出现的无人机外形结构为单轴单旋翼，类似《哆啦A梦》中经典道具竹蜻蜓的造型；利用小型无人机进行电子干扰也是超越了现在地球技术的“外星科技”。另外，演员的英语发音也为一些外国观众诟病，给精彩的电影增添了些许尴尬。还有观众认为，影片稍微有些冗长，太多的人物、打斗和台词对电影未必是一件好事。

网友评论节摘：

人物形象的塑造方面略显扁平，对主旋律电影中传统的“高大全”形象的塑造有所突破，但还不够立体鲜活。

第四节　电影分析与思考

2011年，湄公河金三角流域的中国商船遇袭，造成13名中国公民遇难。电影《湄公河行动》即以这一“湄公河惨案”为背景，讲述了中国公安在案件发生后，依靠国家力量，邀请老挝、缅甸、泰国对金三角进行联合巡逻，并派遣特别行动小组深入金三角毒贩大本营进行调查抓捕的故事，其过程惊心动魄。针对以糯卡等人为首的毒贩对我公民实施残忍杀害，并栽赃陷害我方船员贩毒的犯罪行径，中国警方经过严密细致的现场勘查，通过弹道和弹痕分析，最终确定这是一起有预谋的杀人栽赃案件，并快速锁定犯罪嫌疑人，派遣特别行动小队远赴国境之外，在人员装备和情报信息支撑有限的情况下，与犯罪分子斗智斗勇，展开激烈斗争，最终将主犯全部抓获并押解回国，接受法律的审判与制裁。

电影运用现实主义手法及严谨的叙事逻辑，高度还原了“湄公河惨案”的真实侦破历程，情节紧凑，惊险刺激，具有很强的代入感和感染力。在情节设置上，影片通过展现少年尝试俄罗斯轮盘赌、参与商场战斗、充当人肉炸弹，以及我国缉毒情报员方新武的女友被毒贩用毒品控制等细节，揭露了毒贩对妇女、儿童等群体的控制和欺骗行为，凸显了犯罪分子非法手段的残忍与恶毒；同时，影片通过中国特别行动小组组员因保护儿童而受伤的情节，彰显了正义一方的英勇和无畏。

海外利益是国家利益的重要组成部分，中国海外公民的人身安全和财产安全则是中国海外利益安全的重要组成部分和具体表现形式；与此同时，海外利益安全问题还有其自身的特点，在应对海外利益风险时，国家所采取的举措也有其特殊性与复杂性，而以上几点在本片中都有较为直观的展现与阐释。

首先，海外利益安全的保护和执法具有复杂性，与在国内所面临的形势任务有很大区别。一是在海外我们通常没有执法权。影片中，由于湄公河是我国和东南亚经贸的重要纽带，因此中国政府长期无法进入金三角地区对毒贩实施打击；直到惨案发生后，严峻的形势才迫使老挝、缅甸、泰国同意四国联合巡逻，并授权我方人员在紧急情况下可以使用武器。二是海外环境复杂，情报信息获取困难。案件侦破的过程主要围绕侦查与情报获取展开，特别行动小组在外界环境不可控、案情扑朔迷离的情况下，抽丝剥茧，付出了巨大的努力，主要原因就是情报获取渠道和警力支援较少，基本上只能依靠内线力量，同时还要应对当地的执法维安组织。三是一旦发生武装冲突，我方能够投入的作战人员和装备十分有限。在对糯卡据点进行打击抓捕的战斗中，我方人员只能采取快速灵活的突击作战，很难大规模派遣战斗人员。

其次，海外利益安全的保护和执法具有很大的危险性。影片中，特别行动小组在国境外深入敌营，面对复杂的斗争环境和凶残的武装毒贩，以高度的使命感和责任感，依靠顽强的意志力和战斗力，圆满完成抓捕任务，付出了巨大的牺牲。比如，多名队员负伤，队长高刚身上多处中弹，大师郭旭腿部中枪截肢，警犬哮天牺牲。面对困难，行动小组依然能够团结协作，不折不扣地执行任务，其中固然有他们作为海外特别行动小组职责的原因，但令观众感受更深的，是他们自觉地将自己的行动与国家和人民的利益紧紧联系在一起，甘愿牺牲奉献，誓要维护祖国尊严，守护国民安全的爱国情怀。比如，前线指挥官郁局长在发生炸弹袭击、人员伤亡严重、自己重伤住院的情况下，依然心系案件进展和抓捕行动，这一系列情节能够深深地感染观众，引起大家的共鸣。每个公民都将国家利益与个人利益融为一体，也是建立与完善国家各级政府机构和企业、个人等多位一体联动工作网络的基础。

最重要的一点是，电影彰显了中国精神，传递了中国政府保护海外公民人身安全和财产安全的决心与能力。正如影片中所说："这次的境外抓捕，不但替 13 条人命沉冤昭雪，更彰显了我国对捍卫国土与国民的决心，现在的中国，在世界各地经贸繁盛，国民遍布全球，要保护每一个人的生命财产，这是一个任重而道远的使命。"特别行动小组作为中国公安部抽调的精干力量，有经验丰富的缉毒精英、精通各国语言的翻译、爆破专家、武器专家等，人员组成各司其职，各有所长。在实际行动中，无论是案件调查阶段的侦查取证，还是抓捕凶手过程中的配合作战，都体现了中国执法人员的专业水平和专业能力，直升机逼供的情节设计更是为中国行动增添了说服力。我们爱好和平，但是面对海外安全受到威胁的时候，面对犯罪分子的挑衅，中国不惧怕、不回避，敢于采取一切必要手段维护自身安全和利益；向中国人民、向世界宣告了中国政府始终是中国公民的强大依靠；中国海外利益不容破坏，中国海外公民的人身安全不容侵犯。

中国一贯奉行独立自主的外交政策，走和平发展的道路，中国人民依靠勤劳智慧不断走向全球，为世界各地的繁荣发展作出了贡献，特别是自建设"一带一路"以来，越来越多的中国公民长期工作生活在国外，大量中国企业走出国门，以海外中国公民的人身安全和财产安全为代表的中国海外利益面临的安全形势和安全需求也越来越紧迫。海外利益安全关乎我国整体发展利益和国家安全，这就要求中国有足够的能力维护自身的海外利益，并不断适应海外利益的拓展延伸，能够防范应对海外利益风险，化解海外利益安全事件。

参考文献

一、专著

[1][英]巴里·布赞，[丹]琳娜·汉森：《国际安全研究的演化》，余潇枫译，浙江大学出版社 2011 年版。

[2]《总体国家安全观干部读本》编委会编著：《总体国家安全观干部读本》，人民出版社 2016 年版。

[3]刘跃进：《国家安全学》，中国政法大学出版社 2004 年版。

[4]刘跃进：《为国家安全立学》，吉林大学出版社 2014 年版。

[5]刘跃进：《刘跃进国家安全文集》（上、下册），中国经济出版社 2020 年版。

[6]Buzan Barry，Lene Hansen，*The Evolution of International Security Studies*，Cambridge：Cambridge University Press，2009.

二、论文

[1]刘跃进：《总体安全为人民》，《紫光阁》2018 年第 7 期。

[2]刘跃进：《非传统的总体国家安全观》，《国际安全研究》2014 年第 6 期。

[3]刘跃进：《政治安全的内容与地位》，《新华文摘》2017 年第 4 期。

[4]刘跃进：《军事安全的概念与内容》，《江南社会学院学报》2016 年第 3 期。

[5]刘跃进：《社会安全问题是当前中国国家安全的重心》，《国防参考》2015 年第 10 期。

[6]马振超：《当代中国政治安全的现实逻辑和终极价值》，《国际安全研究》2018 年第 3 期。